倭製滿洲國

中國民族主義者眼中的他者

張餘生｜原著　蔡登山｜主編

編輯說明：

本書原由東北問題研究會於一九三二年出版，當時書名為《倭製滿洲國》。今重新出版後，新增一副書名，作《倭製滿洲國：中國民族主義者眼中的他者》。另書前之圖片亦為原版所無，係本版新增。特此說明。

1932年《日滿議定書》在新京（今長春）簽訂，日本代表是陸關東軍司令官武藤信義（左），滿洲國代表則是國務總理鄭孝胥（右）。

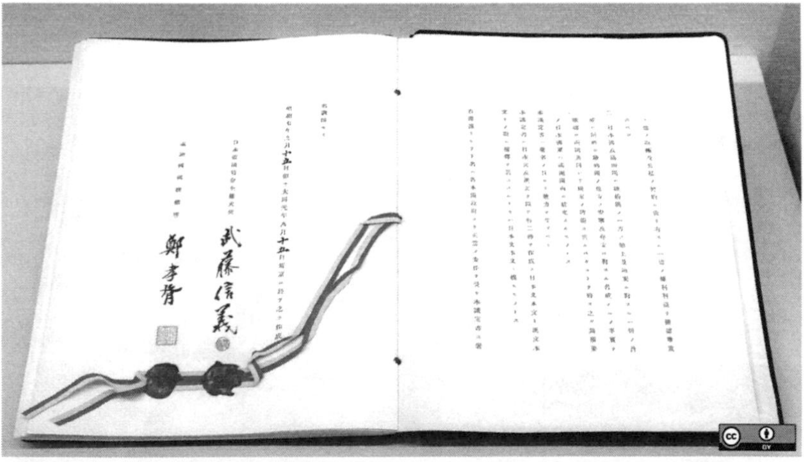

1932年由日本與滿洲國共同簽訂之《日滿議定書》，日本「率先」承認滿洲國獨立，並與滿洲國建立同盟關係。該議定書之條文亦是當時中國認為滿洲國已是日本人之附庸傀儡的一大證據。

圖片來源：World Imaging攝自Japan Foreign Ministry Archives（https://goo.gl/c9m7Qh）

滿洲國的內閣政要，包括台灣人謝介石（外交大臣，左二）、滿清遺老熙洽（宮內府大臣，左三）、張景惠（參議府議長、第二任總理大臣，左四）、前奉系軍人臧式毅（民政大臣，左五）

滿洲中央銀行所發行的貨幣：滿洲國圓。

序一

滿洲國者，乃日人精心獨製之東洋戲也，余生於東北，長於東北，謀生活於東北，遊蹤遍於東北，自有生以來，不但未遇有說滿洲話之滿洲人，更未聞具有獨立思想之遺老遺少，有之，則在日人所管轄之大連旅順，如溥偉輩之受日人鼓惑為虎作倀者是也，自廿一年九月十八日後，日人以暴力強佔東三省，於是日人平時所培植之魑魅魍魎，齊受日人之牽線拉繩，扮演登場，演日人獨編專利之醜戲，一幕一幕，由偽地方維持會以次演到所謂「建國運動」，由偽國成立、以次演到日本承認簽訂攻守同盟議定書，現在鑼鼓聲喧，正創作兼排演之東洋老闆，興高彩烈之時，演至何時為止，非吾人所能預料，吾人所敢斷定者，其收場必為悲劇多而喜劇少耳，即今後東三省或永久沉淪致中國先亡日本隨之，或瘋狂之日本軍閥狼奔鹿突，惹起世界大戰演成人類空前慘劇是也。

總之，讀者對於此一台醜戲、要有清楚的認識，偽國者前事之果也，吾人雖痛恨日本軍閥，而尤當痛責自已，假使國人有相當國民程度，無鄭孝胥輩等漢奸出，偽國亦可不成，猶憶歐洲大戰後，法佔德國萊茵區，何嘗不想造成一「萊茵國」介德法之間，以為緩衝地，無如德國民，寧死不屈，故法國計劃，終成泡影，夫偽國之成，由於國民無力、偽國之滅，亦無他道，亦惟有賴我國民之澈底自覺耳，張君餘生，真劫後之餘生也，本其目睹偽國成立之經過，廣收材料，輯為是書，復經周君天步，精心校正，國人讀過，如能誌此奇恥大辱，澈底自覺，發憤圖強，則還我河山，不患無日也。

民國二十一年九月三十日王坐言誌於北平

序二

本年三月九日及九月十五日同為我民族最可悲痛之紀念日，前者為溥儀就滿洲偽國執政之期，後者則日本與叛逆簽訂所謂《日滿議定書》正式承認滿洲偽國之時也！國聯盟約及《九國公約》均有尊重中國領土及行政完整之明文，日本一面誣我蹂躪條約權益，一面破壞《非戰公約》，以武力侵據東北。今更悍然置國聯盟約及《九國公約》於不顧，製造滿洲偽國並承認之。其對抗世界，吞併中國之野心，固已大暴於世矣。

然九一八以後，日本如何破壞我國行政，而樹立所謂新政權，如何由樹立「新政權」之運動，進而為偽「建國運動」，滿洲偽國之醞釀與其成立後之情況如何，日本如何操縱偽國，把持偽政權，侵劫我主權，凡此種種，我國民胥有深切認識，詳密研究之必要。友人餘生君有鑒及此，爰就個人直接間接調查之所得，參考中日公私文書若干種，成《倭製滿洲國》一書，用饗國人。國人讀此書者，當知日本處心積慮，固欲淪東北為朝鮮第二，故其對滿洲偽國之一切舉措，悉師往日吞併朝鮮之故智也，吾人欲立志收復失地，以拯水深火熱中之三千萬同胞乎？西諺云「天助自助者」，願我同志共勉之！

中華民國二十一年九月十八日天步誌於北平

緒言

日本三十年來，處心積慮，以謀吞併我東北，實行其大陸政策，時至今日，其陰謀可謂完全暴露矣，偽國雖已成立，究其前途如何，將來有無轉變，不屬本書範圍，吾人亦雅不欲有所預斷，但偽國既已成立，事實如此，亦無須諱而不言，我政府無論能否即下決心收復失地，抑暫忍辱負重，準備將來，但對於現在東北之偽組織，究有認識與研究之必要，所謂「知己知彼」者是也，今編述此書，亦本斯旨，藉以警惕將來，並供國人之參考，惟自東北被佔後，交通隔絕，無論攜帶與郵遞，苟有不利於日方及偽國者，雖寸紙隻字，亦不易通過，故草此書時，收集材料大感困難，著者雖曾親歷其境目睹耳聞，非止一日，然僅能就記憶所及，並參考所得，整理成篇，略將偽國事實及經過報告國人，聊供研究偽國組織者之一種參考，所冀海內明達，進而教之，著者幸甚！

目次

第一章　暴日併吞東北之陰謀

東北不只為我國天府寶藏之區，更為邊防險要之地，此為吾人之所熟知者也，甲午戰後，日人奪我朝鮮與台灣，後併吞我澎湖列島，對於我天府寶藏之四百七十六萬餘方里之東三省，益所垂涎，迨日俄戰後，更將俄人在南滿之勢力，取而代之，此時日人所謂大陸政策者有急轉直下之勢，至田中組閣後，再確立「滿蒙積極政策」，上奏天皇，關於吞併我東北之策略，詳陳無遺，其中有謂「欲征服世界，必先征服中國，欲征服中國，必先征服滿蒙」一段，其野心勃勃，自然暴露，當一九一一年，辛亥革命初起時，日本即乘機脅誘我東北當局脫離中央而獨立，彼時主其事者，即為川島浪速，及駒井德藏一班浪人策士，觀川島對於吞併滿蒙之主張有云……「現在滿蒙人對獨立思想，逐漸進步，帝國若能因勢利導，以待時機之成熟，即可與中國本部分離，使之獨立，以便置於日本勢力之下，我則先與以暗助密援，建設一無名之保護國，則被保護之國與中國本部必能抗爭，如此當更依賴帝國之助力，我須利用此勢力，逐漸收其政權，如此不出數年，帝國之實力，不難在滿蒙得鞏固不拔之根，此即為省力節費『避名取實』之法也……」，同時更宣稱使滿蒙獨立之三大原則：

一、帝國與滿蒙之間，不可不預先疏通意見，為鞏固結託，使彼全然信賴我（日本）之保護。

二、蒙滿內政，外交，不可不使其依賴帝國之指導，其文武官吏，則使參用我國人（日本）於適當名義之下，以握實權。

三、為完成以上之目的，則不可不使滿蒙國之主腦全然信賴我，可選用與我指臂相同可以自由操縱之人。

以上為日人預定吞併滿蒙之具體計畫，曾屢謀其實現，然卒因時機未熟，及國際情勢之不許，其後一限於「華府會議」、再限於《非戰公約》。日本之野心，迄未得逞，然其侵略計畫，並不因之而稍戢，炸張作霖於皇姑屯，彼時東北應付敏捷，日本終無機可乘，遂再藉口東北易幟，有不利於日人在滿之權益，悍然不顧一切出而干涉，始則由駐瀋日領林久治郎，警告於先，繼之日政府派林權助恫嚇於後，但我方卒未為所動，至是日人老羞成怒，遂冒天下之大不韙，實行其武力佔領之企圖，以遂其吞併之野心，九一八事變遂因之而爆發，此暴日吞併「東北」之陰謀也。

第二章　武力佔領之前後

第一節　佔領前之準備

日本為準備實力發動佔領東北起見，在九一八之數月前，對內則宣傳以今日為對華積極政策實施之最好時機不容再緩，對外則不曰「滿洲為日人生命線」即曰「滿蒙為十萬先人碧血換來」，藉以實現其一貫之侵略政策，迨六月間所謂「中村大尉事件」發生，日人無理取鬧，竟作軍事之準備，南陸相於八月四日召集全國將官會議，確定佔領我東北之決心與準備，復令在旅大之海陸空軍作示威之大演習，關東軍司令官本莊繁赴南滿沿線重要地方藉檢閱為名，指示將來動員之準備，回經公主嶺時並向駐紮日軍公然明示九月十八日開始軍事行動，此均為日本預定襲擊佔領我東北之軍事準備也，九月初駐瀋之日本特務機關長土肥原（編按：土肥原賢二），奉陸軍省之召回國密商東北事件，九月十七日土肥原銜命返瀋，九一八事變突然爆發矣，計於九月十八日在不出數小時之間，集軍隊數萬人之眾，佔領我二十餘縣之多。假令果因華軍之拆南滿鐵路，盡可依照外交常軌，向華方據理交涉，其不經交涉而即以武力佔領者，意別有在也，至各地佔領之神速，又非早定計畫，早有布置者莫辦，日人既以武力佔領我領土，復捏造華軍拆鐵路之口實，藉以掩飾其野心，其如事實昭彰不能以一掌遮盡世界人之耳目何。

第二節　佔領後之布置

九月十八日晚約十時許，日本即開始其預定之軍事行動，以自己爆炸其南滿路本線柳河溝附近之鐵路為信號，遂星夜進兵將中國各機關衙署先後佔領，當時遼寧省政府主席臧式毅以電話向駐遼日領林久治郎氏提出質問，林氏當答以軍人行動，領事官無力干涉，須俟明午（十九日）關東軍司令官本莊繁氏由旅到瀋時，再行磋商，同時東北邊防軍參謀長榮臻，奉副司張學良令，嚴飭各軍勿與抵抗，我方官民，雖力持鎮靜，而日軍仍進攻不已，不數小時，重要地方各機關，被日軍鐵蹄踐踏殆遍矣，日界武力佔領後，於十九日早六時許到處張貼早經印就之布告（長四十英寸寬三十英寸），玆錄其布告如左：

日本軍司令官布告

為布告事：照得昭和六年十八日午後十點三十分時，中華民國東北邊防軍之一隊，在瀋陽西北側北大營附近，暴破壞南滿鐵路，驅其餘威，敢然襲擊日本軍守備隊，是彼開始對敵行動，自甘為禍首，抑我南滿洲鐵道者，往年日本帝國依據條約正當獲得，歸屬我有，即帝國對此使他國一指尚不染，然今遇民國東北軍，不但敢犯之，更竿頭進一步，至於對帝國軍隊發槍開砲，是彼東北軍自對我軍來求挑戰也明矣；晚近考察東北方面情勢，對我權益，頻繁簇起，侵害行為，境內到處發生，侮日行動，是決非一時的感情之誘，因常以慣用手段，蔑視國際道義，狎習侮日行為者，只觀東北軍權之計劃的行為外，明知何物不存在，任其驕勢所趨，於今非膺懲之，或恐有其結果不可測知者，熟思敢行斯暴舉者，非華國民眾，彼懷抱野心一部軍權之行為也；本職夙負保護鐵路之重責者，因為擁護其既得之利權，確保帝國軍之威信，茲方執斷然處置，無敢所躊躇。

夫我軍欲膺懲者，彼東北軍權而已，關於所有民生休戚，本職最所注意苦慮，特對部下已經切實諭示擁護其福利，愛撫其身命，仰爾東北民眾，如自重無所憂，安業樂居，萬勿出疑惧逃逸之舉，然倘有對我軍行動欲加妨害者，本軍毫無所看過，必出斷乎處置，茲鄭重聲明，此布。

昭和六年九月十九日

大日本關東軍司令官　本莊繁

第三章　攫取政權之偽組織

第一節　偽地方維持會之設立

一、偽地方維持會成立前之情形

自關東軍布告公布後，一般民眾，更明了日軍為預謀有計劃之佔領，絕非一時衝突可比，迨十九日午間關東軍司令官本莊繁由旅到瀋，從容指揮所部繼續佔領各處，臧式毅聞本莊繁到，當即擬探詢日軍佔領之真意，不料本莊竟以亡國官吏視之，形如俘虜，拒絕晤談，並云舊政權官吏均已失其資格，惟有地方紳士可以出面維持地方秩序，此所以有地方維持會之產生也，我方軍警於日軍侵入後均被繳械，而地方官吏復被拘捕一空，加以日軍蠻野成性，到處橫行，地方秩序，異常混亂，遂由瀋陽縣長李毅等，向日軍部交涉，設法維持地方秩序，日軍部許可招募徒手警察六百名，由李毅主持之，並通告商民如下：

為通知事照得奉天自衛警察局現已成立由瀋陽縣李縣長出任局長之職，招募自衛警察六百名，擔負維持地方治安之責，凡我商民，其各安心勿恐，所有各商號均須即時開板，照常營業，對於現大洋票及奉票，仍照原價使用，不准折減，售賣物品亦須按照市價，並不得高抬價格，以維民食，如有違者，已奉李局長面諭，定予懲罰不貸，等因合亟通知各商號，一體遵照，是為至要，特此通知。

中華民國二十年九月二十一日

日軍部於佔領遼寧後，急謀接收政權，故於九月二十日改組市政公所，管理地方事務，以日人土肥原為市長，以下重要職員亦以日人充之，茲錄其辦事條例及日職員如左：

※日本軍司令官茲鑑於奉天城附近之現況，因為增進日華官民福利，自昭和六年九月二十日起據軍之指導，委任日華人員，在該地域，施行臨時市政。

※奉天市政範。圍茲域，以奉天城內及商埠地為限，滿地附屬地，仍照如舊。

※市政業務在市政公所辦理，公所設於城內小西關大街。

※市政業務範圍，除特所定外，辦理關於奉天市一切事宜。

※市政主要職員如左：

市長　土原肥賢二

市長秘書　富村順一

總務課長　庵谷忱

警務課長　鶴岡永太郎
財務課長　三谷米次郎
衛生課長　守島福松
工程課長　技術課長　事業課長　吉川康
除以上要員外依別所示使日華兩國民關與之。
一、關於其他細部別有指示
昭和六年九月二十日
關東軍司令官　本莊繁

二、偽地方維持會之成立

日人成立市政公所，為攫我政權之第一步，日軍部藉地方仕紳維持地方秩序為名，並於二十四日成立地方維持委員會於小南門內實業廳舊址，追袁金鎧為委員長，李友蘭、于沖漢為副委員長，金梁、闞朝璽、丁鑑脩、孫祖昌、張成箕、佟兆元為委員（李、佟二人後均聲明脫離，孫始終未到）暫負維持地方治安之責，茲抄該會成立布告如下：

地方維持委員會布告

為布告事：現經組織地方維持委員會，專為維持地方秩序，所有金融商業諸事照常，並設警察自衛擔任治安。關於以上事宜，均由本會接洽辦理爾，地方商民毋得無故驚擾切切，此布。

袁金鎧　孫組昌
于沖漢　張成箕
委員　闞朝璽　金梁
李友蘭　佟兆元
丁鑑脩

中華民國二十年九月二十五日

遼寧地方維持委員會簡章

第一條、本會定名為地方維持委員會。
第二條、本會以維持地方秩序暨市面金融一切事宜。
第三條、本會辦事處設於城內通天街。
第四條、本會會員以士紳為合格暨各法團宗旨純正者充之。
第五條、本會設委員九人由委員中公推委員長一人、副委員長二人。
第六條、本會委員均為名譽職。
第七條、本會分課辦事其組織法另定之。
第八條、本會係臨時機關俟軍事平定即行撤銷。

第九條、其他未盡事宜隨時更定之。

附註：計分文牘，庶務，總務三課。

縣維持委員會章程

第一條、本會定名為○○縣維持委員會。

第二條、本會以維持地方治安增進縣利民福為宗旨。

第三條、本縣維持委員會審議全縣各重要事項。

第四條、本縣維持委員會由紳商公推之委員組織之。

第五條、本縣維持委員會以縣長為委員長。

第六條、本會委員均為名譽職。

第七條、本會委員之改選及缺員之補充另以章程定之。

第八條、本縣維持委員會組織及職務另定之。

袁金鎧等既被脅迫出任維持會後，日本便進行其侵佔策略，先後威迫恢復東三省官銀號，邊業銀行，財政廳，實業廳，瀋海鐵路公司等機關，日人則大派顧問以逞其把持操縱之慣技，我東北政權財權之淪亡，已不堪聞問矣，茲將日本所規定恢復官銀號及財政廳實業廳各項章程錄之於左：

東三省官銀號管理辦法

第一章　總則

第一條、在新政權未成立之前，地方維持委員會，尊重東三省官銀號往來之機能，圖一般金融之流通，善良的管理，囑執行業務者，行其目的。

第二條、現行東三省官銀號所定各款，以不抵觸前條規定之趣旨為限。

第二章　營業

第三條、公款之處理限制如左：

一、暫停付還從來公款之存款。

二、爾今之公款存款東三省官銀號者，須再行計算之後方能處理。

第四條、普通存款之支付限制如左：

一、對於存款者而借款時，應先以存款充之。

二、付還存款之限制如左：（但存放同業者不在此例）現大洋票未滿五千元者，概不許提，現大洋票五千元以上未滿一萬元者，每次提出不許超過六千元，現大洋票一萬元以上，每增一萬元，提款得增加一千元。

三、每人每星期只准提一次。

四、按新規存款之提款得自由。

第五條、借款依左法行之：

一、從前放出之公款盡力圖收回之。
二、新放款不至必要時不得放出。
三、支行辦理之新放款須得本店之許可。
四、對於附屬營業之放款逐次整理之。

第六條、匯兌依左法行之：

一、匯兌限於商人交易，及各個人正當之用途。
二、在滿鐵沿線外之各支店，將大宗款之匯兌時，須得本店之許可。

第三章　紙幣

第七條、未發行之紙幣，須保管並嚴封之，但如發行新紙幣時，不在此限。

第八條、如發行在發行額以上之紙幣之時，須有確實之準備。

第九條、兌換之方法限制如左：

一、兌換每城設一所。
二、兌換限度每人每日限大洋五十元。
三、不得攜帶百元以上之現洋出城。

附則

第十條、凡違犯本法者，除按原來之罰則處罰外，依地外維持委員會之決議，更應受嚴重之制裁。

第十一條、東三省官銀號，為期通貨之安定，申請地方維持會，依公告之方法，應時之公布必要之事項。

第十二條、為實行業務便利起見，應由日本方面招聘顧問諮議若干人，其津貼由東三省官銀號負擔。

第十三條、本辦法在新政權成立，接收東三省官銀號時失效。

日關東軍司令官本庄發出左列布告，述明兩行與日軍的關係：

本司令在東三省官銀號與邊業銀行始業之初，希望對於左列各條，多加注意，並在此特為恢復共同之生活及秩序，望速恢復舊省府之財政狀況及維持地方情形。

第一：日軍按陸軍法規第四十三條，為恢復公共秩序，圖金融業之便利，允許東三省官銀號復業。

第二：當東三省官銀號執行業務之時，按陸軍法規第五十三條，應確保日本之利益，並按第四十三條之規定，須盡一切手段恢復一般公安之秩序及生活。

第三：日本為達到前條之目的，派監理官數人監理，此種監理官在東三省官銀號，得聘任日本人為顧問或諮議。

本條不僅限於招聘，並得隨時由日本軍部派遣臨時管理官監察官銀號。

第四：日本軍認為必要時，得於任何時停止官銀號營業之全部或一部。
第五：地方維持會若訂官銀號候補行員人選時，須得日本軍之同意。
第六：東三省官銀號，若對日軍有敵對意思或敵對行為時，絕對禁止交易，並對此種行為者之交易亦行停止。
第七：關於東三省官銀號執行業務，地方維持會有所指示之時，均須得日本軍之同意。
第八：不准東三省官銀號對其各支店，集巨額之金錢。
第九：邊業銀行，適用官銀號之規定。

財政廳臨時辦法

第一章　總則

第一條、地方維持委員會為希望其恢復公共秩序與生活，認為有公布財政廳臨時辦法之必要，特公布如左。

第二章　組織及權限

第二條、對政聽長由地方維持委員會選任。
第三條、財政廳之組織及權限均按從前制度，不得不事更改。
第四條、地方維持委員會為完善財務行政應聘日本顧問主事若干人，服務財政廳，運用財務行政。

第三章　財政整理

第五條、地維持委員會設財政整理委員會，期稅制之改正，預算之編制及其他計畫，委員資格如左：

※日本代表，地維會代表，財政廳課長，顧問及主事，市政公所代表，全省商會及農會代表（商會農會代表只限於討論稅制出席）。

第四章　附則

第六條、財政廳長與地方維持委員會得商酌發布告，但事先須得日本軍之承認。

第七條、地方維持委員會關於財政廳權限以上之事務應向日本軍請示，得其承認即應急行著手。

第八條、舊政權下之稅吏，若有對各種稅收作敵對行為者本會當即要求日本嚴行處分。

實業廳臨時辦法

第一章　總則

第一條、地方維持會為維持民生及指導統制各種產業，在新政權確立前謀應急之策，特規定臨時辦法如下。

第二章　組織及權限

第二條、地方維持會應從速選定廳長。

第三條、實業廳之組識及權限除必要之最小限度酌加修正外悉仍其舊。

第四條、地方維持會為謀實業行政實施上完善起見特延聘日本顧問諮議若干名。

第三章　產業之統制

第五條、地方維持會設產業計劃委員會擬訂關於指導及統制各種產業之實行案委員會以左列人員組織之。

※日本方面代表、地維會代表、財政廳長及顧問、實業廳長及顧問、市政公所代表、商會代表。

第四章　附則

第六條、實業廳長為完成上述目的經地維會之核准應從速發表必要之布告但實行時須得日本軍之承認。

第七條、地維會將實業廳臨時辦法規定妥協並將恢復該廳之意見呈請日本軍核准應即著手辦理一切。

第八條、如對於敵對者有接濟援助財政情事應根據地維會之決議嚴予處分。

三、偽地方維持會之蛻變

日本督造之偽地方維持會成立後，先後恢復金融，行政各機關，復施其威迫利誘之慣技，於十一月五日于沖漢應本莊繁之召，由遼陽到瀋，本莊面授機宜，于氏當即攜同袁金鎧同往關東軍部，本莊殷勤招待，恭維備至，並極力稱讚袁氏為當代元老，名滿東瀛，繼云，東北舊政權已為我軍（日軍）如秋風掃落葉，予以膺懲，今後東北政權應付託妥人，並應即日恢復省政府以利政權之行使，省長一席，請君

（指袁氏）任之，惟絕不得有違帝國軍令，致干未便，袁氏當時雖百般推諉，卒未獲首肯，復以于沖漢從中恐嚇慫恿，袁氏僅允詳加考慮不歡而散，袁氏自此遂遭嚴重監視，毫無自由矣，緣袁氏出任維持會時，曾有以下之聲明，「不問既往，不管將來，只維持此過渡期間之治安」，聞袁氏曾自喻「遭此事變，似少婦守節，忽遇暴漢，雖掙扎不過，亦當作有限度之犧牲，戴花抹粉，猶可委曲一時，惟強迫姦宿，則誓死不從」，一時傳為笑談，其後之袁氏被逐，此亦一因，自袁氏對本莊授命改組省府表示考慮後，軍部壓迫威嚇更甚，終屈於暴力之下，於十一月七日將地方維持會遷於省政府內，成立變相之機關，並代行省府職權，日軍部當即假該會名義布告人民，其中有「與張氏舊政權及國民政府均斷絕關係」一語，袁氏抗爭至再，卒以迫於威勢，未得修改一字而公布之，茲錄該布告原文於次：

地方維持委員會布告

為布告事：照得本省自事變發生以來政權停斷，本會出而維持，所有交涉事件不管既往，不問將來，惟在此過渡期間，本會因愛護東北人民之故，不能不代行政權與張氏舊政權暨國民政府均斷絕關係，俾人民然常安業與官吏申明權限以安人心，而資法守，除分行外，仰各關廳各縣政府遵守本會法令，切實奉行，勿得違誤切切，此布。

委員　袁金鎧　張成箕
于沖漢　金梁
闞朝璽　翁恩裕

丁鑑脩　高毓衡

中華民國二十年十一月七日

該會遷省府後，雖名義仍為維持會，而實際確為省政府之復活，日軍除增派顧問金井章次等把持政權外，其餘如實業廳派高井，財政廳派色部貢等為顧問，並迫各該機關給以聘書，日人用心可謂無微不至，此時趙逆欣伯除任瀋陽偽市長外，對於日本之如何奪取政權，劈劃贊助，尤為出力，日人因斯感覺進行順利，遂異想天開，舉行大規模之慶祝，「政權有歸」，由漢奸趙欣伯代為辦理一切，東北云「亡」自茲始矣。

第二節　偽自治指導部之設立

一、日軍部統治下之自治指導部

欲研究所謂「滿洲國」成立之經過，不能不先將自治指導部之沿革，組織及工作等詳加研究，就事實論，製造「滿洲國」者雖係日本軍部，而「滿洲國」之助產士，則為自治指導部，因此自治指導部對於「滿洲國」確有深切關係，此不能不澈底了解者也，自治指導部，為關東軍部統治部直轄之一部，迨地方維持曾被迫遷入省政府後，即同時成立自治指導部，以「政權有歸」？「施行善政」？「完成自治」？為名，實行其預定之陰謀，欲淪東北為朝鮮第二，並用極品漢奸于沖漢為委員長並通令各縣如下：

奉天自治指導部部令

為令行事查自治指導部已組織成立茲特制定自治指導部條例暨自治指導部評議會章程俾對於各縣自治之執行指導監督務使貫澈為此合行令仰各縣一體知照此令

民國二十年十一月十日

地方維持委員會委員長　袁金鎧
自治指導部部長　于沖漢

茲將該部組織條例列後：

自治指導部組織條例

第一條、自治指導部依據善政主義改善各縣之縣政確立完全自治之制度為任務。

第二條、自治指導部設於奉天。

第三條、自治指導部置各課部如左（以下稱各縣）：

總務課、調查課、連絡課、指導課、自治監察部、自治訓練所

第四條、自治指導部設部長及顧問，其各課則置課長。部長代表自治指導部統轄全部，部長有事故時由顧問代理之，顧問輔佐部長隨時應其諮詢，並且進陳意見，各課長受部長之指揮

處理所管各事宜。

第五條、各課所掌管之事項列左：

一、總務課——統管文書，人事，經理及不屬他課所管之其他事項。

二、調查課——掌管地理，政治，經濟，及其他諸項之調查並搜集各種情報。

三、連絡課——掌管與部外各機關事宜。

四、指導課——掌管施行自治上之企劃及其實施並其他諸項之指導。

五、自治監察部——監察自治之執行事件。

六、自治訓練所——施行自治者應以教育訓練。

第六條、自治指導部於各縣組織縣自治之指導委員會以便指導監督縣自治執委會。

第七條、自治指導部之經費由省負擔之。

第八條、對於市之自治指導以縣為準則依據另外所定者。

附則　本章程自公布日施行之。

自治指導部評議會章程

第一條、自治指導部由設置自治指導部評議會。

第二條、自治指導部評議會為審議決定自治指導部應執行之重要事項。

第三條、自治指導部評議會以委員長一人，副委員長一人及委員若干人組識之。

第四條、委員長以自治指導部長擔任之副委員長及委員以自治指導部顧問課長監察部長以及自治訓練所長充當之。
第五條、委員長統轄會務為會之代表委員長有事故時由副委員長代理之。
第六條、自治指導部評議會之決議以多數為裁決設若可否兩數相同時由委員長決定之。

自治指導部重要職員一覽

職銜／姓名
部長／于沖漢
顧問／中野琥逸（關東軍部政治部主任）
顧問／中西敏憲
總務部長／結城清太郎
部員／原口總八
社會部長／笠木良明
部員／紀伊一
調查部長／中西敏憲
部員／戶倉勝人
指導部長／牧野克己

部員／川尻
監察部長／和田勁
部員／遠藤清一郎
自治指導訓練所長／中野琥逸

各縣自治指導委員長

縣名／姓名
瀋陽／永尾龍造
營口／都甲謙介
　　高綱信次郎
復縣／荒川海太郎
　　福井優
本溪／中島定天
　　河野正一
　　笹沼鐵雄
莊河／大沼幹之郎
　　松崎秀憲

蓋平／景山盛之助
笹山卯之郎
安東／本島那男
金井佐次
海城／鎌田政明
小林才治
小林克
開原／悄井原義
藤井民夫
撫順／高久肇
山下吉藏
鐵嶺／石垣良龍
甲斐政沼
東廣榮二
鳳城／牛川壽雄
仙波清
岫巖／松岡小八郎

中尾優

遼陽／小島靜雄

大串盛多

關屋悌藏

長田吉次郎

洮南／佐藤虎雄

友田俊章

懷德／高附榮次郎

小島榮像

木清繁榮

梨樹／井上實

中川勝

村上輝文

新民／高岡重利

山根隆之

昌圖／多良庸信

冰鉋貞一郎

川原二郎
錦縣／庭川辰雄
錦崎達雄
黑山／稅所謙助
近籐平次郎
遼中／■元增郎
紫尾田酵一
河村勝
法庫／西岡仁之郎
錦西／上村益喜
遼源／中澤達喜
新縣村太郎
山下信
義縣／村田原次郎
解良武夫
彰武／西崎敏夫
盤山／安齊金治

廣吉辰雄

綏中／澤井鐵馬

田中一郎

興城／重岡材輔

河村公夫

北鎮／四本直孝

益田京三

西安／吉田雄助

該部內容既如上述，可知日人成立自治指導部，名為完成地方自治，實欲使三千萬同胞均為日人所治，既攫得政權，復以此作偽國運動之準備，成立後日人即以該部名義頒布其荒謬絕倫之布告，自稱為建設滿蒙樂天福地，自我為暴政，以日為仁政，黑白顛倒，無所不用其極，茲錄其出於日人手之自治指導部開宗明義第一號，醜態畢露之布告如後：

布告第一號

自治指導部之真精神係恢復光天化日之域，掃蕩過去一切之苛政，及誤解異想糾紛等事，竭盡所能建設樂天福地之意也，夫惡劣官吏固不可用，而民心之渙散離叛，或反感失信等行為更不宜有，不問為何籍居民，須煥發大慈大悲之胸襟，注意信義，以相敬相愛之精神，完成今日時代的大事業，披肝瀝膽，相見以誠，所謂亞細亞之不安者，今後宜以東亞以精神粹光明，使其普被於世界，人類真誠之調和庶可得以完全矣，且於此大乘根性無比之地域，傾注全力，創設歷史上未有之理想樂土，換言之為完成興亞之大業須具博愛之精神同為造物之赤子，何來人種之偏見，以確立不悖中外世界正義為目標，此確敢自信者也，至於三千萬民眾脂膏之惡魔，今已傾覆由此更進而剿滅盜匪，暴政之餘黨則排除之，惡稅苛捐則蠲免之，賄賂之惡習則絕滅之，以如此之物產豐富，棄利於地未免可惜，更欲發達產業便利交通，並振興宗教教育等事業，皆須於正大光明中而進行之，絕無偏曲之事也，由是言之指導部之前途，豈易事哉，更屬難關重重，而實行此宏大理想者，宜邁進於無人相無我相之一途，雖謂放大眼光，實施善政，然須逐漸而行，力避操切焦急，對於古來之制度，及地方情形等事，尤須妥為研究，尊重風俗人情，應革者革之，應存者存之，如是則仁風普被，民心信服固可明若觀火矣，本部漸派指導員分赴各縣，施行善政，凡我縣民宜安心聽其指導，是為至盼。

民國二十年十一月十日

自治指導部長于沖漢

此外復設立所謂自治訓練所，（現改稱大同學院）藉以造就親日政治人員，以備派往各縣掌管政務，茲將該所招生規定及教育大綱列後：

自治訓練所招生規定

（一）自治訓練所以養成司理各縣自治之人士為目的，隸屬於自治指導部。

（二）第一次招生限四十人（華人二十人、日人二十人）預定四個月畢業。

（三）入所資格者專門以上學校畢業者，及中等學校畢業生，但華人必要知曉日語（入所後分為甲乙丙三組）。

（四）凡受許可入所者一律收容於寄宿舍，每月發給津貼三十元，畢業後採用為各地自治團體（縣鄉村等）指導員或吏員。

（五）學科，各縣自治工作上所必要之滿洲社會組織、經濟組織、警備、稅制、行政、司法、產業、交通、地理、歷史及日語或華語，每週授課三十四時，此外預定限三週為實地調查或自治訓練。

（六）講師，除自治指導部員擔任外，由各方面招聘權威者。

（七）入所希望者，以入所願書推薦書入所理由書等提出自治訓練所，但日期限於本年十二月二十日。

（八）自治訓練所設置於奉天城大西門裡前同澤女子中學校內。

自治訓練所課程及教育大綱

科目教育大綱

一、東洋政治哲學、國家發生學的研究——以科學的研究國家俾便了解建國意義使命。

二、警備、行政、軍事學、軍事教練——為保安警備之過去及現狀，基於最新之調查研究，俾便了解滿洲新國家所必要之警備行政。

三、財政統劃，財政學——如知滿洲財政稅制之過去及現在情形。

四、行政，司法——為知滿洲行政司法之過去及現狀，計增進行政事務之能力，司法運用之公正，俾便可齎來社會關係之堅實之行政司法制度。

五、滿洲社會組織、經濟組織——為明確認識新國家現狀，俾便實行切實的改造。

六、產業、商業——為知滿洲產業之過去及現狀，洞察金融貿易之趨勢，俾便了解新國家所必要之產業施設商業制度。

七、滿洲交通政策、工礦業政策——為知滿洲鐵道交通網之過去及現狀，俾便了解新國家所要之鐵道交通網通信網計劃及其背後地之產業能力，使用機械之大工廠大礦山之現勢及計劃等，滿洲新國家之機械化計劃。

八、滿洲地理、滿洲歷史、太平洋史——為明知滿洲新國家在世界之地位計，攻究近世界殖民史外交史就中第十九世紀以後之滿洲史，俾便了解新國家對世界之責任使命。

九、滿洲教育方針、教育制度、教育指法——為明確滿洲新國家所可建設之國民文化本質並為教育擔任右項文化之國民計宜了解滿洲新國家之教政原義及教育制度。

（按上列為該所擬定之原文，因出自日人手，故文字多有欠通處）

二、改組各縣為製造偽國之準備

自治指導部事事依照日軍部之「成方」如法泡製，既將各縣指導員派定，遂開始改組各縣政府，為製造為國之準備，將原有組織完全推翻，茲將新組織抄錄如左：

※總務處：祕書、人事、市政、地方、土木、交通課。

※實業處：農林、商工課。

※警務處：司法、衛生各課及警察隊、公安隊。

※教育處：學務、教育行政課。

※財政處：會計、稅務課。

日軍部除威迫地方維持會頒發改組各縣政府為「自治執行委員會」命令外，又責成各縣日本自治指導委員長負就近改組之責，同時各縣均先後成立「自治執行及指導二委員會」，附設於縣政府內，負指導各縣設治施政之責，事無鉅細，如未經日委員長簽字蓋章，不但無效並謂違法，故日委員直成為太上縣長，十一月二十七日首先改組瀋陽縣，將前任縣長李毅撤職，另以著名走狗謝桐森任之，並舉行成立典禮，以示鄭重，除日軍部特派矢崎參謀代表本莊蒞會並致訓詞外，尚有日人指導委員長永尾訓詞及偽縣長布告，群奸一堂，蹻蹻蹌蹌，實為空前絕後之怪現象，茲將日代表矢崎及永尾訓詞與偽布告列後：

矢崎訓詞

（略謂）本莊司令因公務繁忙，不能躬身前來參與盛典，歉甚，今天是瀋陽縣自治執行委員會之成立典禮，敝代表司令官參加，顧自事變後，各處悉成不安，本司令官為人民謀幸福，所以希辦事諸君，要本此旨努力邁進，況且目下時局尚未太平，政治前途難免不發生問題，可是本人決本個人力量作去，希望大家盡力才是，此為本司令官的盼望。

永尾訓詞

（略謂）本人以顧問部長資格，實行指導，養成人民自治，本人自任顧問以來，就把瀋陽縣的一切政治的基礎辦理很穩固，很有成績啦，譬如舉一例子，就像繼承別人的很豐富有條不紊的一份家產，所以本人覺得很容易支配，希望將來造成一個東亞模範自治縣，那是本人所最盼的。

瀋陽縣自治執行委員會布告

為通告事，查本縣自事變以來，居遼寧之省會，當東北之要衝，賴李前縣長煞費苦心各方奔走，荷友邦之諒解，得僚屬之贊同，一往直前不避艱難，編團自衛，監警剿賊，四民賴以相安，機關得以完整，飲水思源，人當共曉，勿庸敝人贅述也，洎乎自治改組，本應時勢之需要，而謀萬民福利，自治輔官治而行，官治賴自治發展，幸承指導委員長永尾龍造先生悉心指導，慘澹經營，始克於十一月二十七日正式宣告成立也，自治起始，善政是期，友邦提攜，賢人是賴，繁榮成功，指日可待。桐森追隨諸君子之後，在此風雨飄搖之中，維持於前，當此善政開始之際，更當努力於後，桐森宦遊東北，垂三十年，六任縣宰，三長法司，兩袖清風，廉潔自持，自信從政負責，不敢後人，況佐理有人，合衷共濟，如公安警察也，歷次剿匪，迭有擒獲，自是本當酬庸之旨，量力厚其薪俸，如各區區長村長也，編團自衛，輔警殺賊，任勞任怨，功不可沒，自應擇優議敘，以彰善行，凡我同人，既不可稍存姑息養奸之心，尤不可稍有恃功而驕之念，桐森此次既蒙自治指導部長于雲章先生蒞會殷殷訓示又蒙地方維持委員會委員長袁潔珊先生諄諄誥誡，自茲以往，擇善是從，吾儕同人，交相共勉，自治前途，實利賴之，特此通告。

委員長謝桐森

自此以後凡日軍鐵蹄到處，均先後改組，無一倖免，並增設自治指導委員會於各縣，委員長均由日人任之以指導為名，實行把持行政之實，中國官吏，不過徒供其役使，毫無自由可言，此外自治指導部復擔任製造偽國之宣傳與準備，讀該部致大連華商公議會等團體之電文即可見一斑矣。

大連華商公議會，西崗華商公議會鑒，現人民久望建築王道政治之國家，良機已到，特舉行東北建國促進運動，請貴會盡義務，極力喚起地方輿論至盼。

自治指導部長啟

第四章　三省偽省政府之製造

第一節　偽奉天省政府之樹立

一、解散地方維持會

九一八事變後，袁金凱等以地方紳士資格，受本莊之脅迫，組織所謂「地方維持委員會」以應付過渡之難局，已如前章所述，惟自代行政權以來，實業，財政兩廳，相繼恢復後，儼若省政府之復活，但在日本暴力掩護之下，自不能替中國有所措施，袁氏既被嚴重監視乃寫字作詩過其無聊之生活，日軍部認為效命不力有負起用之初衷，而先後所恢復之各機關，又多為袁氏私人所佔有，素與袁氏抗爭之偽瀋陽市長趙欣伯益生嫉忌，暗鬥亦日烈，趙為日本豢養多年之漢奸以偽市長之資格一方與地方維持會暗鬥，一方獻媚求歡於本莊繁，趙之欲去袁也，已非一日，至是雖暗向日關東軍司令部，痛詆地方維持會之懦弱無能，威權不振，莫若解散該會，成立正式省政府，以前主席臧式毅出任省長，名為恢復舊政權，實則可收事半功倍之效，不但符人民對於舊政權之渴望，並可博得國際輿論之好感，此為地方維持委員會被解散之近因也。

此外尚有遠因，即自日軍佔領遼寧後，利用袁金鎧，趙欣伯，丁鑑脩為傀儡，三人鼎足而立，各有其背景，丁之背後為南滿鐵路會社，趙則有日軍部為之支撐，而袁則以地方老紳士資格與之爭，又有于沖漢為後台老闆，勢力既相伯仲，政爭因之亦烈，而丁趙與日之關係，非袁氏所能比，袁對於恢復政權之進行，又在在表示消極，日軍部早有另換他人之意，趙欣伯深悉日軍部之意旨，遂向本莊建議，解散地方維持會及釋放前主席臧式毅使任省長，果蒙嘉許，遂造成十二月十五日之政變，迫令袁金鎧辭職，再由臧式毅出長省政，地方維持會至此遂壽終正寢矣，計為期八十三日。

二、臧式毅被逼出任偽省長

遼寧省主席臧式毅自九一八事變，被日憲兵囚禁於商埠地鮑文樾宅後，為期已三月餘矣，日人威嚇誘迫，無日無之，更無自由之可言，趙欣伯遂趁勢大形活動，獻策於日軍部釋放臧式毅使其重握政權，然此事進行極為祕密，故當時外間知者絕少，十二月十五日午後二時偽市長趙欣伯令瀋陽市商會，通知各委員等在商會為討論商稅事開會，務希出席等語，待二時各委員均到齊，當由偽市政公所秘書長馮涵清主席開會，報告開會宗旨，略謂地方維持會此刻亦無存在之必要，而對於政務設施，尤不能盡量行使，所以今天邀請諸位公推臧主席出任艱鉅，繼推總務處長邵伸報告，公推臧氏出任省長之意義，此時趙欣伯忽率警衛約二百餘人到場，立即登台解釋如何再請臧氏出山事。語畢不待大家發言，即請出席人全體簽字，旋即結隊，在軍警嚴重監視下，由趙率領直趨省政府見袁金鎧，袁驟見氣勢凌人，結隊而來，如在五里霧中，當由破迫之商民代表王桐軒將請袁氏辭職及解散維持會呈文手交袁氏，此時袁氏如夢出醒，始知趙等來意，當即答以願卸仔肩，並立作全體退職書，面交趙等，趙等接受袁之退職書後，復率眾到臧式毅公館，亦由趙欣伯王桐軒等呈遞請願書，懇請出山，恢復省府，臧係因事前被迫而出，早知來意，故當時亦未謙遜，遂即偕同來人，齊至省政府，舉行就職禮，時為當日下午四時，因事出倉卒，又因外間鮮有知者，故出席人除日軍部代表及前地方維持會少數委員外，參與者絕少，就職儀式極簡，臧氏愧容滿面，侷促不安之態，實令人痛心而不忍視，臧就職時略謂此次余對各界人士之推舉，難以謝絕，然不顧余之不才，令出而擔任省長，今後去私就公，努力除去人民痛苦，至於中日關係，東三省於地理歷史上各方面，自古即有密切不離之關係，故宜盡最善之努力，務求兩國之親善云，次由地方維持會委員長袁金鎧致詞略謂余自事變以來，出而組織地方維持會，已三月於茲，此期間中，幸無大過，多賴諸君之援助，余所欣然而喜者也，今臧君出任省長，余乃舉全般事務交讓臧君，今後余當以一人民資格，致力一切以謀人民之福利云，致詞畢遂即草草而散，十六日由偽市署通知全市商民，懸由該署預製之紙質小旗，以示祝賀，上書「慶祝新政權有歸」字樣，此為臧式毅被逼出任偽省長之經過也。

三、偽奉天省政府之成立

臧氏雖已就職，然日方為宣傳計，特於二十一日正午十二時，假省政府大廳舉行奉天省政府成立祝賀大會，臨時宣告戒嚴，強迫各商民住戶均揭揚「慶祝奉天省政府成立」紅色紙製小旗，是日出席者除偽省府所屬各機關職員外，則有日關東軍司令官代表三宅參謀長駐遼日總領事林久治郎，森島領事，二宮憲兵司令，省政府首席顧問金井章次，等百餘人，首由臧式毅致詞，次由日關東軍司令官代表三宅參謀長致詞略謂一今日舉行祝賀大會，新省長對將來選行政務上難免有諸多之苦心與困難，望新省長以下各員，同心協力，斷行所信，以布真正善政」此外尚有其他日人致詞等，因限於篇幅故不克詳載，總之完全為日人之操縱，臧氏等徒供其擺布，是日尚通知歐美各國領事，惜竟無一參與者，不過只有二三西人記者而已，直至下午二時許宴後如鳥獸散矣，臧氏自出任省長後，名義雖為恢復其自由，實際上非特政務毫不能自主，即起居動作亦在在均受限制，日方特派日本憲兵隊軍曹橫山正雄及協川二人常駐監視，片刻不離左右，省政府則有日人金井章次為首席顧問，省政府組織除民政廳未恢復，教育廳改為教育籌備處外，餘與前省政府相同，茲抄錄教育籌備處辦事細則如後：

奉天省教育籌備處辦事細則

第一條、本細則遵照省政府頒發奉天教育籌備處暫行章程第五條之規定制定之。

第二條、本處設處長一人，承省長之命，綜理本處一切事務。

第三條、本處設祕書長一人、秘書二人、科長三人、督學若干人，科員及事務員若干人，均以處員充之，承處長之命辦理處務。

第四條、本處設左列各處科其執掌如左：

一、秘書處：掌管一切機要事項，纂擬規程，復核文稿，翻譯文電，會議紀錄，及不屬各科事項。

二、第一科：掌管會計本處及省立各校館，預算快算財產物品契約現款工程事項，並掌管庶務購買交際及其他不屬各科事項。

三、第二科：掌管普通學校教育調查統計圖表，及各縣教育經費，預決算各事項。
四、第三科：掌管專門以上學校，及民眾教育，並留學各事項。
第五條、本處於必要時。得設各種委員會，及編譯部，其章程另定之。
第六條、本處為繕寫文件，得酌用雇員若干人。
第七條、本細則自呈准後施行。

此外在省府內另設「顧問廳」，專備日本顧問辦公之處，自此以後，日本除布置其軍事外，更積極鞏固其政治勢力，先後在各機關由日軍部派員實行把持行政，美其名曰「顧問」，其實操縱一切，中方官吏，不過為其傀儡耳。

茲錄遼寧省城事變後各機關日顧問姓名如後：

各機關日顧問姓名

機關名稱／日顧問姓名／擔任職務
奉天省政府／金井章次／首席顧問
升巴庫吉／顧問
黑柳一勝／顧問
財政廳／色部貢／顧問

南鄉龍音／顧問
大矢信彥／顧問
新井色巳／顧問
實業廳／高井恆則／首席顧問
教育籌備處／坪川與店／顧問
市政公所／中野琥逸／首席顧問
後藤英男／顧問
交通委員會／金井章次／首席顧問
心口十助／顧問
林上義一／顧問
瀋海鐵路公司／土肥原賢二／監事長
河本大作／同上（現任）
森田成之／參事
田中整／總務處顧問
掘江元一／同上
大橋正次／車務處顧問
池原義見／同上

渾川庄真／會計處顧問
風間初太郎／同上
和田次衛／警備處顧問
渡賴二郎／同上
東三省官銀號／首藤正壽／首席顧問
血井中／顧問
黑崎原雄／同上
東三省鹽運使署／永田久次郎／顧問
木村常佐／顧問
邊業銀行／芝田研三、顧問
瀋陽縣公署／永尾龍造／顧問
電燈廠／大磯薪永／廠長

偽省府既已成立同時錦縣遼寧省政府，依然存在，因此日本撲滅我錦西國軍更具決心，遂異想天開，誣稱我國軍為土匪，強迫偽政府具函向日關東軍司令部請討遼西兵匪，該函原文如下：

敬啟者，近月以來，本省盜匪橫行，各地商民多處於水深火熱中，尤以遼西一帶受禍最烈，敝府擬即積極剿辦，茲以保安之整理尚未就緒，苦於實力不足，極知貴部對於地方治安關念甚切，特希貴部本救民之旨，充分援助，相機剿辦，俾一般商民得早享安樂幸福，是所切望，除向各該地商民切實曉諭各安生業外，特此聲請貴部查照為荷，此致　大日本關東軍司令部。

類此之事不一而足，處處為人傀儡，事事被人操縱，實非筆墨所能形容於萬一，亡國奴之痛苦，東北實先嘗之矣。

第二節　偽吉林省政府之樹立

日軍既佔長春，旋即東進攻取吉垣，九月二十一日午前日鐵甲車先行各聯隊則由多門中將率領向吉林進發，沿途各站遇有軍警均被解除武裝，時吉軍參謀長熙洽聞耗，業將所有軍隊開出省城，貫澈以不抵抗而降敵之主義，同時更向吉日領石射要求派人偕同交涉，辦事處人員及熙之代表往迎日軍，說明軍隊業已撤退，請日軍和平入城，日軍得此消息，乃肆行而前無所顧忌矣。

迨日軍既抵吉林車站，熙洽乃親率各界首領到站歡迎，多門下車後即以名古屋旅館設臨時司令部，旋即支配軍隊實行佔領，所有軍政各機關，完全改懸日旗，並將武裝警察一律繳械，多門仍以為未足，更迫令熙洽將開出省城之軍隊，悉數繳械，但熙命令已不能行使，僅又續繳一部而已，多門乃即令熙洽主持軍政，改組省府宣言獨立，與國民政府絕緣，於是吉林偽政府之傀儡機關乃成立矣。

熙洽既承日軍命令改組吉林省政，乃於二十五日召集各機關各法團開會報告，開會時日軍官在場監視，無人發言，當晚熙氏發出布告兩紙，其一以邊防副司令官公署參謀長兼省政府委員名義發表，謂「現因時事之關係，省政府改組，所有吉林省政府臨時一切政務，統由本參謀長兼委員負責主持辦理」，其二以偽吉林省長官公署名義發表，係為維持金融，翌日熙洽並以長官名義通令頒布吉林臨時省政府組織大綱十條如左：

為通令事，照得現因時事之關係，謀地方之治安，經全省各法團各機關會議表決，暫設吉林臨時省政府於古林省城，統轄民政軍政及監督司法一切事宜，由本長官完全負責主持辦理，所有議決臨時省政府組織大綱十條，除布告全省民眾一體知悉外合行通令知照，此令。

第一條、設吉林臨時省政府於吉林省城。

第二條、吉林臨時省政府置長官一人。

第三條、長官辦事機關名曰吉林省長官公署。

第四條、長官有統轄吉林全省民政及監督司法之全權。

第五條、長官公署內設民政軍政兩廳，其組織法另定之。

第六條、長官公署設秘書長一人，祕書若干人。

第七條、長官公署下設左列各廳處：

※財政廳、建設廳、實業廳、教育廳、警務處，凡本省不隸於左列各廳處之原有機關，均歸本署管轄之。

第八條、暫刊木質印信，文曰「吉林省長官公署印。」

第九條、本大綱自公布日施行之。

第十條、未盡事宜，得臨時改定之。

被迫之偽吉林省長官公署成立後，凡張作相所用重要人員，多半因日方之反對，相繼罷免，所易人員，除教育廳長李錫恩因吉林大學建築欠款，固辭不獲，事後棄官而逃外，非寡廉鮮恥之親日派，（永衡官銀號總辦劉馨秋娶日婦，素以賣國著稱），即醉生夢死之宗社黨，（吉長吉敦路局局長兼長春市政籌備處金壁東係肅親王之第三子，已入日藉）此外市儈流氓，亦皆高居顯要，皆得日方同意而委任者，一般官迷莫不奔走運動於日軍要人之門，以求幸進之路，各法團首領因形式上有難推戴熙氏為長官之功，亦皆遍布要津，同時日人之升官者亦大有人在，如吉林滿鐵公所所長濱田，日本居留民會會長三橋均被聘為顧問，熙氏尚擬增聘日人若干為諮議，現在熙氏每日起居往來均有日兵監視，事實上吉林省政府實操於日人之手，熙氏不過傀儡而已。

第三節　黑哈政權之淪喪

遼古淪陷之後，暴日對於北滿因蘇俄及交通關係，一時殊不願採取直接之軍事行動，故首先利用張景惠籍維持治安之名，行獨立叛國之實以次利用張海鵬攻黑，即藉口修復嫩江鐵橋進兵龍江，於是黑哈政權乃先後淪喪。

方瀋變初起張景惠獨在瀋，旋經日軍之利誘威脅，遂奉命返哈，成立偽特區治安維持會，於九月二十七日由長官公署發出布告如左：

為布告事：照得現在時局不靖，本長官在遼深感於保護駐哈各友邦領館僑民之安全及維持地方治安之必要，遂於九月二十四日由遼回哈，對於全區治安問題連日召集各機關各團體會議，加以縝密之考慮與研究。眾志僉同決定即日組設東省特務區治安維持會，並經公推本長官為會長，所有一切政務及治安事宜統由本會主持辦理，擔負一切責任。凡在本區各國僑居商民，務使各安其業，不使稍有恐怖及損害。本會即於九月二十七月正式宣布成立，會址設在長官公署。除函告各友邦領館知照外，合亟布告本區各國僑居商民及中國人民一體週知，嗣後務各安心樂業，勿得聽信謠言，自相驚擾。本會對於本區地方治安，務以十二分之努力，負責竭力維持，此可鄭重聲明者也切切，此布。

行政長官張景惠

自偽東省特區治安維持會成立後，舊日之長官公署無形消滅其政權，張景惠為擁護其個人勢力起見，乃更編募特區警備隊，其槍械悉由日方供給，委任路警處副處長于鏡濤為總隊長，至此輿情嘩然，抗日倒張之聲浪乃大作於松花江濱。

十月初張作相在平與張副司令協議，仿照遼寧辦法在哈成立吉林省政府行署及東北邊防軍副司令官公署行署，並派誠允代理吉主席，李振聲代副司令，丁超代理護路軍總司令，李丁旋在哈就職，誠主席則將吉公署移設賓縣，吉林舊政權乃完全復活，然不久熙治竟派于深澂襲哈，日軍亦派土肥原陰謀北上，我之抗日軍李杜偽占海丁超亦同起活動，日軍至是始藉口日機，先事向哈出兵，本年二月初遂入哈，自此而後哈爾濱遂成虎張橫行之局面矣。

日軍之攻下龍江，在去歲十一月十九日，馬占山孤軍抗日，血戰半月，卒以彈盡援絕退出龍江，旋即移黑省府於海倫，仍保持黑省東部之半壁河山，然日閥初則利用漢奸組織偽地方維持會，繼則仍利用張景惠使主黑政，張於本年一月初由哈到黑正式就偽職，不久即令吉祥代理仍回哈埠，至是黑哈政權乃同為張景惠一人所斷送，日閥北顧無憂，乃出兵遼西攻我錦州遼省府，迨錦州既陷遼府偕亡，三省政權完全淪陷，偽國製造乃應運而生，此固日閥預定之步驟而竟能如願以償悲哉。

第五章　日軍包辦偽國運動之經過

第一節　交換建設偽國意見

日本為吞併我東北，完成其製造偽國之預定計劃，特由在東北之所謂日本名流及漢奸，於十二月十一日午後六日假瀋陽大和旅館，開關於建設滿蒙偽國之談話會，此為偽國運動開始之第一幕，首由大阪朝日新聞奉天通信局長武內氏致開會詞，茲將其談話經過略誌如左：

武內：「（略謂）滿蒙時局，否極泰來，舊來種種混沌狀態殆已一掃，漸入新建設時代，趁此機會，邀請諸君於一堂而聽諸君高見，我們最所希望，諸君於繁忙中，惠然來會，深覺欣快，殊表感謝，今日開關於新建設之會議，望諸君盡述所思，勿吝高教，為幸。

第一，關於滿蒙之善後處置，據吾人私見，即為新政權或新國家之樹立問題，並在滿機關之統一問題，是為直面時局之中心問題，關於此點，先請直接有關係之中國人士發表意見為盼，請于先生先吐露高見。」

于沖漢（奉天省地方自治指導部長）：「鄙人本日身體稍不舒服。乏於氣力，關於滿蒙善後處置，如武內先生所述，建設新國家，最為適當，關於國家之新建設，尊重民意為最重要。」

武內：「然則滿蒙獨立新國家，宜採如何國體政體乎？」

于沖漢：「關於此點非十分研究後，難於決定，故即時答覆為難。」

野口多內（奉天日本僑民會長）：「關於新政權之樹立，成新國家之建設問題，鄙見與于先生意見同一，以新國家之建設為必要，就其理由述之，新政權之樹立，每受中央政府掣肘，不免動搖，勢所必至，如對外的完全獨立，則免掣肘之憂，國家之安定從以迅速，據予個人意見言之君主立憲國似為適當。」

武內：「新國家之建設，其當然所發生之問題，即遼寧吉林黑龍江熱河取所謂東北四省之區劃乎，或以哈爾濱東省特別區為一省，更加蒙古自治領而為六省乎？」

石田（奉天新聞社長）：「關於新國家建設問題，要之係現在滿洲之諸民族互相結合，建設新國家，所謂現住民族，即滿洲三千萬民眾為其大部分，其他有朝鮮人約百萬人，日本人約二十萬人，此等為真實現住民族，以此民族，建設新國家，將來國家成立後，日本人國籍宜如何處置，國際法上惹起問題，亦未可料，新國家未成立以前，所謂現住民族，非華人非鮮人非日人一律視為滿洲人，以此意味，建設新國家為是，如國籍問題，全屬後日之問題。」

趙欣伯（奉天市長）：「滿蒙非建設獨立國家，欲避內亂與虐政，斷為不可，今日急務，真尊重民意習慣，而建設新國家，其採帝制，或採共和國，或採其他政體，總順民意決之可也，奉吉黑之統一現已就緒，滿蒙獨立國之建設，實為一可尊之革命事業。」

森島領事：「今日日本人，對於世界各國，強硬主張不讓一步者，為日本民族所處之地位是也，現在各國間，或唱國際平和，或唱國際正義，雖然，就其實際觀之，有領土廣大資源豐富如某國者，反之，如日本終年努力而不能得一日之飽食，即此以言，國際間現狀，極為不平等，如我日本，立於最不利之地位者，實難承認，關於今次時局，將此等諸點，向世界各國明白宣布，是為日本外交之出發點。」

色部（省政府財政顧問）：「新國家之建設，日本一國雖與以承認，然列國是否承認，不無疑問，故由國際法上，交聘使者之地位，或努力不懈，將來得達此地位乎，是吾人所欲聞也。」

森島領事：「就俄國觀之，政體變更後，與以承認之國家有之，未與承認之國家亦多。」

町田：「新國家之建設，無急得各國家承認之必要，僅得日本一國承認即足，新國家完全發達，則有效日本與以承認之國家，經過數年或有不承認之國家，亦不足憂（下略）。」

河相外事課長：「關於滿洲問題並條約問題，吾人先斷定條約非固定的，何則臨時改訂亦可，或從情勢變化，其解釋亦變化，凡與滿洲有關係之國際條約，並日本與他國之條約等，亦宜就以上所述趣旨考慮之，如條約干涉，大抵從政治干涉，政治干涉之發動，條約干涉自生變動，現有條約與今日實際上之政治關係，有不合之點，必招變化，屬當然之事，故吾人不視條約為固定的，注重於政治關係之發動如何為要。」

座長：「目下當面之問題為新國家之建設，與華盛頓《九國條約》抵觸與否，關於此點，諸公有何意見？」

松井中佐（關東軍新聞班長）：「據予所聞，《九國條約》訂立當時，滿洲與中央（按指中國）脫離關係，故滿洲不受《九國條約》之拘束，所以新國家果得各國承認與否？如河相課長所謂非目下決定之問題，如國家形體完備，並有日本援助，自然可得各國之承認。」

金井章次（省政府顧問）：「國際法上解釋困難之問題，姑舍不論，予意謂基於民意建設新國家，例如赤子誕生，民法上認之與否？警察取締等問題，自屬別個問題，赤子出生，因國人已認其存在，為其關照，樂其長成，新國家之建設，亦不異赤子之出生。」

縱觀以上之談話，雖為交換意見之方式，然日人對於偽國之製造，已胸有成竹，計劃確定，問題不過是如何按其已定之步驟次第執行耳。

第二節　偽造代表民意機關

日本為促進其偽國運動計，除作上述之交換偽國建設意見外，更用威迫利誘之慣技，以遂其野心，當「九一八」日軍發動後，遂令其多年豢養，已入日籍之前清廢王溥偉由大連到瀋，日本即利用組織四民維持會，陽假以救濟人民之名，陰行建設偽國之謀，並聘日人為顧問，假藉名義，盜稱團體，更組識非驢非馬之，「東北籌治會」由日人一手包辦，積極製造偽宣傳並強姦民意，藉以為樹立偽國之基，於二月二十一日假瀋陽南滿站公記飯店，由溥偉召集，所謂建設滿蒙新國家之談話會，日方出席者有金井顧問，松井大佐，矢崎少佐，臼田少佐，都甲文雄等數人，談話內容大致不外如何建立偽國，茲摘記數則，藉窺全豹。

滿蒙新國家雖另建新邦然仍係由中華民國之一部變化而來，假使新國仍為民國（即立憲共和）則易得國際間之承認。

新建設一國家，尤如一赤子之產生，吾人此時只顧赤子平安產生，固不必計及他人之承認與否，俟赤子長成品行出眾人自悅服。

既云赤子產生，則今日新國家之國體已多數以為共和適宜，其元首之產生方法，予以為應由民眾推舉，因選舉黑暗不能再用故也，至其元首人物不論為誰，總以素孚眾望者為主，至制度當組織內閣而以人民大多數之贊同成立憲法，即依法實行善政為適當。

元首當然以夙孚眾望者為主，至制度一層須以憲法為基礎，所謂新國家之興利除弊，其要點均在憲法，故憲法之制定，實為新國家成立之第一要義。

議會產生之法，似應由東北各團體各舉代表數人，作為人民代表共組議會，專以研究新國家之憲法為志職。

日人既藉自治指導部攫取政權，復利用偽組織作假民意之宣傳，製造偽國之工作遂稍具規模矣，同時傀儡人選亦因土肥原賢二寅夜潛至天津，演成十一月八日之天津事變，趁火打劫，將久在日本保護下之清廢帝溥儀挾持至遼，而告解決。

查日本存心利用溥儀，蓋已有年。民國十三年，日本公使館，託詞保護，即將溥儀禁錮於使館內，中國雖屢次派人交涉，要求引渡，但終未成功，日本為豢養安全計，遂於翌年由日使館參贊池部氏攜同逃至天津，並設警保護，東北既被日軍武力佔領，日人為完成其吞併滿蒙建設偽國計論資格及名義，究以溥儀充傀儡最為適當，故土肥原到津不特促成事變，以恫嚇中國，更趁火打劫，將多年費盡苦心豢養之溥儀，乘勢挾之至旅大租借地，日人對於偽國之計劃，至此已下最後決心矣，旋更嗾使其御用四民維持會，東北籌治會等，代為製造偽民意及種種叛逆宣傳，一面日關東軍部分別責成金井，原武，阪垣等分頭嚴促遼，吉，黑，各偽省府當局，速行表示態度，並接受日方之偽國計劃，各偽省政當局處於高壓之下，脅迫之中，敢怒而不敢言，雖多方設詞敷衍，卒無效果，日軍部復宣稱新政權如告成立，日本即行撤兵，決不干涉中國內政以欺騙之，所謂「民族自決」者不過欺世自欺耳。

第三節　偽最高行政委員會之成立

日人費數月之力，對於偽國醞釀已漸成熟，臧式毅、張景惠等被迫無計，故提議組織聯省自治，對於中國之關係暫不作任何表示，藉以敷衍日本之壓迫，並竭力向日方疏通，藉謀諒解，聞其向日方所提意見如左：

一、東三省對中國關係暫時不提，
二、東三省舉辦聯省自治，
三、不贊成建設新國家，

上列要求，不特未蒙日軍部接受，反益觸彼等之忌，威逼益甚，並限於三月一日以前將「新國家」完成，因此聯省自治之提議，遂成畫餅，此時臧式毅等鑒於日人相逼之甚，及日軍部與自治指導部對於偽國之製造，均已準備就緒，有意強迫執行，特派前瀋陽縣長李毅為代表，赴吉哈各處向熙洽，張景惠磋商，關於日方威迫成立新國家之應付辦法，遂決定於二月十七日在瀋陽舉行會議，並邀馬占山蒞瀋與會，日方當表贊同，熙洽於二月十四日晚首先到瀋，張景惠於十五日，馬占山於十六日先後在日人監視下乘日機蒞瀋，日軍部於此四頭傀儡齊集後，除使于沖漢，趙欣伯，游說威嚇外，並將成立偽國計劃，全盤托出，當晚趙欣伯設宴於大和旅館，名為歡迎，實際開始所謂群奸會議，商討如何實現偽國耳，是晚又假趙欣伯宅開會直至十七日午前二時半方散會，中間經過，曲折頗多，緣臧等仍一再主張聯省自治，而日軍部早將作就之建造偽國具體計劃交由趙欣伯，于沖漢等帶交該會，限於當日全部接受，並限七日內將「新國家」成立，指定前遼寧省府秘書長趙鵬第，吉林教育廳長榮孟枚，哈特區政務廳長宋文林三人起草建國宣言，十七日午後三時，臧等又破迫再集會於偽奉天省府，日軍部即將組織「最高行政委員會」之過渡辦法及宣言提交該會，並指令張景惠，臧式毅，熙洽，馬占山等四人為委員，囑立將宣言簽名公布，並責成該會在三月一日以前完成新國家，在新國家未成立以前之過渡期間，由該會負責統率各省區政治一切事宜，茲錄日軍部代製強迫公布之東北行政委員宣言於後：

東北最高行政委員會宣言

東北事變發生以來，瞬息之間，已經數月，人民之望和平猶飢渴之求飲食，當此更始一新之際，亦漸次愈冀復活蘇生，景惠等忝被推選為省區之領袖，對改舊刷新之責任，已不能嫁於他人，於茲為協議大計，用特集於一隅，皆曰非有堅固之團體，不足以謀全局，非基於人民之公意，不足以建新權。於茲由東北四省與一特別區並蒙古各王公，組織一新機關，命名為東北行政委員會，俟本會成立，同時立即向中外發出通電，由此與黨國政府脫離關係，東北省區完全獨立，更須以獨立之精神，努力謀改善行政，其曩為軍閥所頒之苛政，橫暴誅求，無所不至，吾民眾恰如處於水深火熱之中，幾陷於生命不可保持狀態，波及村民，痛苦之淚，今尚未乾，其等於虎猿利爪之荼毒，現仍存在，自今而後漸將澈底削除，決不使再生枝葉，而期其萬全，經書有言「撫民者謂之后，保民者謂之王」，而今一般民眾，若將蘇生安息，而須有養善良完成之政治，此為本會第一之使命也。

近來暴虐良民之專制政治，利悠怨蒐，社會道德，日漸消滅，蓋榮為國家之基礎，道德為政治之本源，古書有言，若忠信德慶，雖夷狄之邦亦可行之，不特以排外政策，於茲熄止國際戰爭，更以門戶開放，機會均等之主義，以謀世界民族之共存共榮，此為本會之第二使命。安內睦外，為政治之根本，既謀根本之堅固，宜講枝幹之繁榮，進而獎勵職業，勸進農商業，促其發展，使生利者日多，失業日少，社會之利益既能均霑，則階級之鬥爭自泯，如是則赤化不克行其旨，而民生亦得其所知矣，此為本會之第三使命。

景惠等為完成以上之大如命，乃即組織此會，以求東北我各省區人民之幸福，更求我東亞各種族幸福也，天日在上，鑑此宣言，邦人君子，其興起以助我等之不逮。

二月十八日

張景惠　藏式毅

熙洽　馬占山

呼倫貝爾王　凌陞　哲里木盟　齊王

第四節　召開偽建國會議

偽東北行政委員會既在日軍部嚴重威逼下成立，「群奸大會」旋亦閉幕，張景惠返哈，該會亦即遂之遷哈，此為二月十八日事也，偽國醞釀至此已完全露出真面目矣，當時日本阪谷男等首先致電偽委員長張景惠，對新國家行將成立表示賀意，該電如下：

今際滿蒙新國家將告成立，特表熱烈之祝意。蓋此次建設滿蒙新國家，係將來之惡政由根本上剷除淨盡。依自由平等之原則，為三千萬住民謀文明之福澤，保其平安康寧為吾人所最企望。又滿蒙新國家為世界最新之國家，採擇世界之總經驗，在門戶開放機會均等之歷史上，開一新紀元，決屬一完全卓越之國家也。此時新國家對日、俄、中國本部間之維持調劑，固為極東平和之安全柱軸，其勇往直前之任務，對中國本部統一及建設示一絕好之模範者，絕無疑意也。滿蒙首要諸公本此理想，為一致團結，完成偉大事業，萬望勿染兄弟鬩牆之惡弊，務請閣下向諸公披示此種意見。

日人此時對於偽國，雖原則業已確定，然關於偽國之政體、人選、國都等，表面上均尚須經過商討手續，以利進行，乃組織一「建國委員會」指派趙欣伯、張燕卿、趙仲仁、金井章次、中野琥逸等為委員，假瀋湯趙欣伯主辦之法學研究會為會址，共商建設偽國大計，當即決定建國三大原則：

（一）領土：預定為奉天，吉林，黑龍江，熱河，及蒙古自治領等五省，但據現在之實情，先以奉，吉，黑三省為根據。

（二）人民：新國家之人民，稱為公民，住於領土內一定期間者以上，（種族無限制），方得享受公民之平等權利與義務，但外國人民公使除外。

（三）主權：主權在於公民，而政府之組織依公民之總意，以大總統為元首，其下分立行政，司法，監察三院，於行政院下設置軍事，外交，民政，實業，教育五部，（各部應將來之必要，得行增減）奉吉黑三省隸屬於行政院下，掌執行政，而省之組織暫維持現狀，此外為管理國防及開發資源及交通起見，設資源交通兩委員會，為大總統之直屬機關，而關於大總統之選出方法，有種種之意見，而出現在三省長官，皆係依民意而被選，故決定由代表民意之三省長官一致推戴。

關於政體等亦有所計議，大致議決政體為立憲共和制，元首仍推戴溥儀，國名為大同或大中華，國旗可用黃色底色，中配以單簡花樣，如獸類及太陽等，國都因東北之地理關係，政治關係，似應捨奉天，定於長春，此為該會第一次議決而向日軍部建議者也，日軍部根據上項建議，決定於二月二十五日，召集「最高行政委員會」，並電大連羅振玉鄭孝胥屆時代表溥儀來瀋參與建國會議，鄭羅二人，如期蒞止，所謂「建國會議」，遂於一月二十五日假大和旅館開會，議至當日下午五時始散會，當時決議如下：

國名：滿洲國
國體：民本政治
元首稱號：執政
執政任期：八年
第一次執政：溥儀
年號：大同
國旗：紅藍白黑滿地黃
首都：長春
建國典體：三月一日舉行

關於「新國家」之組織大綱，大體決定為執政設下立法，國務，監察三院，國務院下分設七部，（一）外交部、（二）軍政部、（三）實業部、（四）民政部、（五）財政部、（六）交通部、（七）司法部，同時並推臧式毅為國務總理，偽國至此，已粗具規模矣。

第五節　所謂建國運動之形形色色

偽國醞釀之經過既如上述，然不能將此親見滿洲國全套立即託出者，礙於世界輿論，國際觀聽故也，遂藉用「民族自決」四字，以欺騙天下人，所謂「建國運動」亦即因此而生，日軍部以自治指導部為「建國運動」總機關，運籌帷幄，發號施令，均由該部指揮之，換言之，偽國成立完全為該部所包辦，為建設偽國始有該部之組織（詳見第三章第二節）故該部在偽國運動開始之先，特發出左列荒謬之告東北四省三千萬民眾書，足見日人對於偽國運動，用心之苦也。

敬告東北四省三千萬民眾書

東北地面的父老及青年諸君喲。

現今在東北地面要急應展開一偉大的事業。

這偉大的事業可是甚麼呢？就是運動建設新滿蒙獨立的國家，想諸君對於新獨立國的政治機構，是以何樣的形態而出現，一定抱有莫大的興趣及眺望了。這請暫不要急於最，近期間是一定於何種形下而發表的。

東北父老及青年諸君喲，諸君，還記得吧？負有遼省民信望最厚的諸卿長老等，不是先組織了一個地方維持事變後之治安嗎？本自治指導部是後於地方維持委員會於十一月十日亦成立於奉天，此二機關是協心戮力的，專為增進省民福社而務力的。換言之就是，前者離舊軍閥而專心任保境安民的，後者是專心致力於指導縣政的。可是於倥偬之間而得謀到維持地方治安之安全及人民不致流離失所者，兩機關是同行一軌的。

東北父老及青年諸君喲，不要忘了民國二十年十二月十六日啊！這一天是解除以袁金鎧氏為首班的地方維持委員會而重新所組織的奉天省政府成立的日子嗎？

可是本指導部尚依然存在，照舊為公並且次後日日發展其事業並隨地喚起渴仰善政之輿論，是決不怵懈的。本部已經於奉天省內（自民國二十年十一月三十日將遼寧省改為奉天省）五十八縣中之三十餘縣，派有指導員盡力指導，實施善政。可是更欲擴其範圍達及全省。甚言之，就是他省不日內，亦將盡力及達的東北的兄弟們喲。

現今正是諸君應急奮起之秋啊。

諸君所公敵的舊軍閥之優越概已告終，新世界必應時發現所錄之新世界就是由水深火熱之中拯救民眾出苦的理想鄉，現今正由凄慘苦奮之下而建設的。

多年不得自由解放的諸君，今回事變時機多年專以誅求，苛斂為能事將保境安民忘諸腦後，終年結黨營私、好行私鬥的軍閥們，已經無影無蹤了。所以完全得救出三千萬民眾的日子將不遠了，同在東北地上居住的東北人民諸君喲。

應負責絕休使其返昔時狀態換言之協力之秋是目下應奮而起之東北的兄弟們喲，若有一人在諸君之周圍破壞此大理想的異端者時，諸君不用躊躇，斷然以惡魔即排擊之，東北的兄弟們啊！一齊奮起吧！趕快完成此基於自導精神的新國家不好麼？勇敢邁進於人類之大吧，和謂東北的父老及青年諸君喲。

吾人前途雖有若多難關，可是要完成此過渡時代約天業，應以世界正義的確立為目標，無我之一道而邁進。

東北的青年諸君喲。

諸君應充一個革命運動最勇敢的先鋒隊，不但止於建設運動中充先鋒，更要在指導部內允一個最有力的支隊才可以啊，諸君啊。

上述之日軍部直轄之自治指導部，既為建國運動之總負責機關，對於建國運動，像「煞有介事」，忍作傷天害理之偽宣傳，以掩天下人之耳目，惜司馬昭之心，路人皆知，關於偽國宣傳，當然不值識者之一笑，茲將偽國運動種種分誌之於後：

一、促進建國分函各地

自治指導部為先期促進各地建國運動計，特分函各地促其進行，原函如下：

台鑒現人民久望建築王道政治之國家良機已到特舉行東北建國促進運動請貴　極力喚起

地方輿論至盼

自治指導部啟二十三日

二、駭人聽聞之各種宣傳

日人為擾惑人心以假亂真起見，由自治指導部假日人之手編製日本文式之荒謬宣傳品，到處張貼，茲錄其一部分如後：

建設滿蒙

一、建設滿蒙成為世外桃源之安樂土新國家一切政治以人民為主體尊重民意。

二、阻礙建設新國家者就是吾人之敵舊軍閥不滅絕盜匪永遠不能肅清。

三、自治指導部是指導刷新政治排除貪官污吏新國家成立萬歲。

新舊國家治安比較

一、舊國治安無好處，軍閥爭權戰不休，匪賊橫行不過問，苦我良民數有年。

二、新國治安真正好，尊重民意驅軍閥，掃盡匪賊除禍根，使我永久得安眠。

新國家之財政

一、軍費務要減到最少限度，財政就是國家的血脈，新國家一切經費軍閥時代不過六分之一。
二、重稅就是亡國的先兆，先富民而必富國，節儉國家經費以濟貧民。

交通的呼聲

一、交通民眾化：交通是滿蒙四千萬民眾的機關，使地方獨占之財富成一般社會化。
二、安全是命母：以適當之財政購建良好的機械工程，防止匪賊的跳梁。
三、使運費低廉：榨取乃新國家的仇敵故運費不可使之太高使物人之移動交換容易不久即成。

富國之源

一、當適應需要：對內對外須應日進月移的時運，掃盡宇宙能力的沉眠。

振興呀！實業

一、開墾荒地：就是失業者的救濟策。
二、利用外資：是簡單發展產業策。
三、開拓資源：是成就文明國的手段。
四、減稅與課稅之平等是新國家的一政策。

建設樂天地歌

一、東北父老兄弟們，現今正是奮起時，公敵軍閥已無影，救民水火登衽席。

二、東北父老兄弟們，現今正是奮起時，政權有歸得和平，保境安民為宗旨。

三、東北父老兄弟們，現今正是奮起時，滿蒙三千餘萬民，團結建設樂天地。

新政權歌

一、大家靜聽我唱歌罪大惡極老軍閥，狼心狗肺害民賊，無法無天民膏搾嚼啃百姓如魚肉，專為利己把財發，弄了多少老婆花天酒地逍遙慾。

二、東北民眾齊呼苦全望軍閥，惡貫盈天網恢恢疎不漏，因果報應在本身今日脫離，虐民賊獨立新政多福星，政仁稅輕賞罰嚴大家擁護政權斷。

真痛快

一、真痛快，真痛快，多年橫征暴斂，苛取民財的舊軍閥，經友邦義軍，根本的打破。

二、真痛快，真痛快，歷年驅民為兵，妄殺無辜的舊軍閥，藉善鄰兵威，盡數的掃蕩。

快來樂

一、快快快，快來快來開校日，你也去，我也去，偺們一同上學校。

二、來來來，都來都來開校門，你也笑，我也笑，偺們一同學功課。
三、樂樂樂，真樂真樂上深時，你也唱，我也唱，偺們一同祝新國。

自治指導部

我們要求的！新國家

橫征暴斂苦害民眾之惡軍閥現已打倒，我滿蒙同胞急速團結一致建設新國家，新國家成立是為人民謀幸福，新國家是為人民解除痛苦，建設新國家使滿蒙民族享受永遠和平，新國家急速成立解除人民痛苦，建設新國家就是為人民救死求生之道，新國家成立減輕人民負擔各稅，新國家成立後急謀改良實業建設各種工業使人民各有職業，新國家成立改善政治使人民衣食住行各得自由，自治指導部是指導刷新政治排除貪官污吏，建謀滿蒙成為世外桃源之安樂，建設新國家以世界民族一視同仁實行大同主義，欲期東亞和平必須建設新國家，阻礙建設新國家者就是吾人之仇敵，新國家出現就是我們重見天日，驅逐舊軍閥歡迎建設新國家，舊軍閥不滅絕盜匪永遠不能肅清，欲剿滅土匪須先建設新國家，新國家一切政治以人民為主體尊重民意，三千萬民眾渴念之新國快要實現了，新國家成立萬歲。滿蒙民族萬歲。

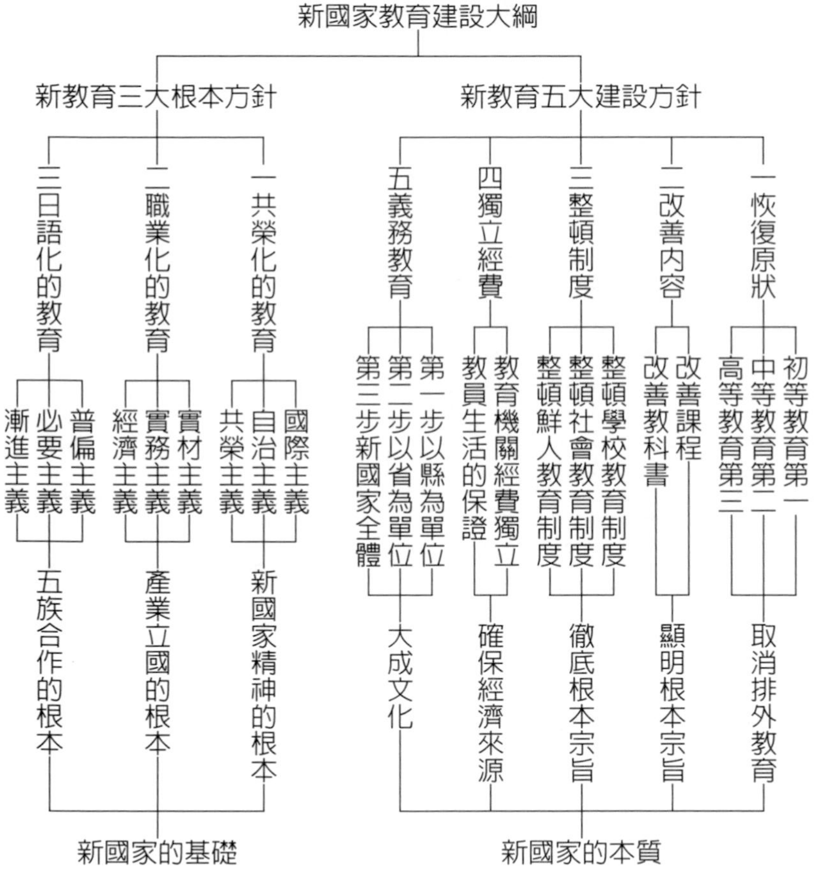
新國家教育建設大綱
新教育三大根本方針
新教育五大建設方針
一共榮化的教育
國際主義
自治主義
共榮主義
新國家精神的根本
二職業化的教育
實材主義
實務主義
經濟主義
產業立國的根本
三日語化的教育
普偏主義
必要主義
漸進主義
五族合作的根本
新國家的基礎
一恢復原狀
初等教育第一
中等教育第二
高等教育第三
取消排外教育
二改善內容
改善課程
改善教科書
顯明根本宗旨
三整頓制度
整頓學校教育制度
整頓社會教育制度
整頓鮮人教育制度
徹底根本宗旨
四獨立經費
教育機關經費獨立
教員生活的保證
確保經濟來源
五義務教育
第一步以縣為單位
第二步以省為單位
第三步新國家全體
大成文化
新國家的本質

我們要求的新國家的——治安！

一、想要救民眾的塗炭，保障地方的治安，我們三千萬民眾當希望急速建設新國家。
二、我們願意建設新國家，同時並當希望拿新國家的力量維持地方治安。
三、我們想要清除匪患，只須求之於有統制的國家的地方治安維持。
四、剝奪三千萬民眾的幸福，不是舊軍閥的惡政和在地方跋扈的兵匪嗎。
五、舊軍閥既已排除，兵匪的橫行尚未掃淨，所以新國家討伐兵匪的使命有存在數百年的必要。

我們要求的新國家的——交通！

一、使交通民眾化：使各民族各階級的人民均受近代的交通機通的恩惠。
二、為人民謀福利：開發集合已睡千秋滿蒙的富源使我四千萬民眾的食料豐福，減輕運費以便旅客及轉貨商。
三、普及人文之光：使舊封建封鎖的小社會擴大連結大世界以期人文之光遍浴我四千萬子弟。

我們要求的新國家的——財政！

一、對於貧困者應即免稅。
二、調查人民情形勿亂收稅。
三、軍閥政治時代財政全被軍費掠奪。

四、新國家以緊縮為目標。
五、要想國民富足必須減輕租稅。
六、總要設法將租稅用到國民手裡。
七、削減軍費充為事業費。
八、一切經費之用途務與公共有益。

我們要求的新國家的——實業！

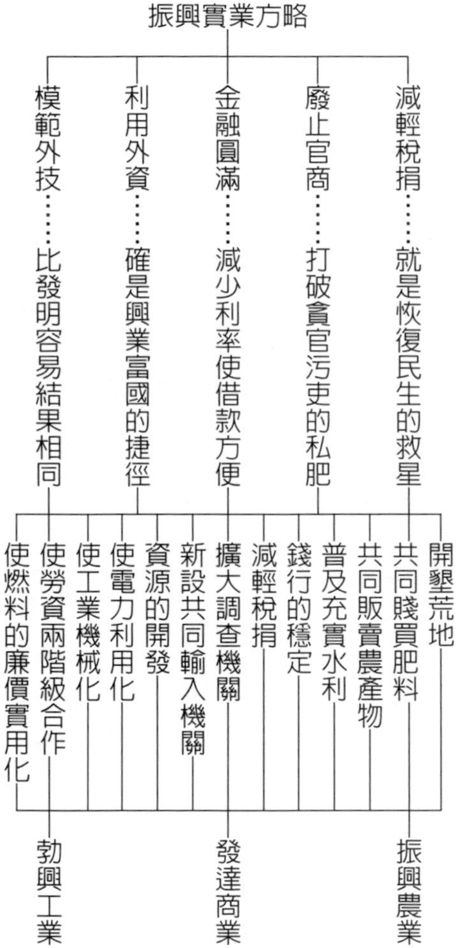

建國歌

作歌：自治指導部　作曲：村岡樂童

一、燦爛的日光，普照著萬方喜氣瀰縵著，在大地的面上，極東的新興國前途無量，本著共存共榮的意向，去建設，去建設，臨行切莫說腳難揚。

二、紅日的威光，照遍了穹蒼，八分的么魔，都急急的躲藏，極東新與國前途無量，本著共存共榮的意向，去建設，去建設，全憑雙手把狂瀾擋。

三、建國運動如法泡製

日軍部統治下之自治指導部，對於偽國運動一手包辦，既為公開之事實，故所謂偽國運動發號司令均由該部任之，無論任何機關團體或個人，均不得有妨礙「建國運動」之思想與行為，否則，即以反「新政權」、「新國家」論罪，是以民眾皆敢怒而不敢言，自治指導部，尤以為未足，更脅迫省政府，市政公署，商會等組織「民眾促進建國大會」，為製造偽民意之宣傳，關於官辦「建國運動」有以下之決定：

鑒於新國家成立在即，乃決定發起大規模民眾促進建國大會，由省政府，自治指導部，市政公署，市商會等四機關，先組織一籌備委員會，擬定省府派員三人，自治指導部三人，市署三人，商會二人，共十一人為籌備委員，於二十六日午正十二時，各籌備委員至市署會議廳，開籌備大會，議決結果：

（一）省議會，市商會，商埠大舞台，市署門前，用粉紅布，寫「希望早建新國家」等橫聯。

（二）東南西北八門，八關，備豎布聯四面，橫聯二面，以期擴大宣傳。

（三）由市署製定建設新國家旗幟六萬，令市警各分局，散布商民，由二十七日起懸掛。

（四）二十七八九等三日，由市署，及各機關，用汽車至各街巷，散放宣傳品。

（五）建國促進大會，由二十七日起，為市民大會，二十八日，為全省民眾慶祝大會，二十九日，為東北各市縣民眾大會，二十七日慶祝地點，在南市場商埠大舞台舉行。

（六）由商會傳知各商民，於二十七日，上午十時至商會集齊，各持小旗出發，至商埠大舞台慶祝。

四、偽國運動之第一日

二月二十七日瀋陽舉行偽國運動之「市民大會」，是日為我東北「亡」後，正式發喪開吊之日，舉凡我東北到處民眾，無不痛心疾首，其被迫參加偽國運動之人，形同囚犯，苦不堪言，直不如喪家之犬，惟有任日人擺布而已，是日晨起，日本飛機即翔空散發傳單，日本警憲亦活動非常，而不堪入目之傳單標語隨處皆是。

偽國運動標語

（一）我們的希望用王道主義建設國家。

（二）我們的要求以精神的文明來建新國家。
（三）廢除苛政旅行仁政是新建設國家的使命。
（四）新建設國家的責任是解除人民的痛苦。
（五）我們應請願的就是王道仁政。
（六）我們用全力來擁護新設的國家。
（七）新建設國家最重大的使命！就是永久和平。
（八）建設國家施行仁政解除痛苦促進文明。
（九）我們唯一的希望用王道主義建設國家用精紳文明改革本市。
（十）除舊布新發政施仁。
（十一）新建設國家的行政整理財政振興實業普及教育發展工商。

此外各商戶均插有「慶祝新國家成立」之紙旗，會場假南市場商埠大舞台，以上午十時至下午四時為開會時間，是日天氣嚴寒，雖經先期廣事宣傳及迫令各商號參加，但屆時參加者仍屬寥寥，自漢奸趙欣伯主持開會，將事前備妥之決議文「奉天全體市民希望新國家早日建設以蘇民困而行仁政」，臨時提出，一般市民尚不知所為何事，僅由趙欣伯無匆匆讀過，即以此為市民要求建設新國家之決議，斯誠一幕偽造民意之滑稽劇也。

五、偽國運動之第二日

二月二十八日為各縣代表大會，此次所謂參加偽國運動之各縣代表，均為各縣自治指導部預為賄買者，除每日給以金票二元至十元之工資外，並許以種種利益，至於遠方代表更予特別報酬，如黑龍江為金票五百元，吉林為三百元，長春為二百元不等，先後由日人監視來瀋，美其名曰招待，實則恐其潛逃也，更有一部分來自遼西者，男女老幼二百餘人，日方稱為遼西八縣代表，其實均為被騙而來，先是錦州戰後，即有救濟會之組織以救濟戰地被難同胞為目的，是時日方騙令該會進省請領賑款，該會即攜同男女老幼二百餘人來省請賑，及至省城日人迫令參加建國運動，名之為遼西代表，每人除給少數之工資外，發給布製長衫一件，以免有得觀瞻，日人對於偽國之用心，可謂無微不至，是日開會假偽國運動總機關「自治指導部」（前同澤女校）為會場，午前十一時開會，由漢奸謝桐森主席（偽瀋陽縣長），並全體唱建國歌，旋選舉議長，謝桐森當選後，即將日方早經備妥之議案逐條讀過，未經討論，即公布全體通過，所謂偽國運動各縣代表大會，即此閉會矣。

六、偽國運動之第三日

亦即為最後之一日，為偽國運動滿蒙大會，是日正午十二時開會，仍假自治指導部為會場，主席仍為謝桐森，日軍部仍派三宅參謀長出席監視，是日日方出席人數陡增，計約二百餘人，為前二日所未有之數，足見日人對於偽國之關心也，臨時將在瀋之喇嘛數百名，強迫出席，名為蒙古代表，會場亦較前二日，略為裝潢，開會後首由謝桐森宣讀「全滿促進建國聯合大會宣言」後，偽國運動示威遊行，遂即開始，一路在軍警監視下逕往關東軍部請願，日人沿途叫囂，一若表示已成功也者，茲將當時遊行之秩序錄之如後：

全滿促進建國運動大會大示威運動列序

（一）先驅隊電驢子車一輛、（二）旗隊電驢子車一輛、（三）總司令汽車一輛、（四）第一統制隊汽車一輛、（五）傳令本部電驢子車一輛、（六）大會委員隊汽車二輛、（七）音樂隊載重車一輛、（八）示威本隊第一隊汽車三輛、（九）同第二隊汽車三輛、（十）同第三隊載重車一輛、（十一）同第四隊載重車一輛、（十二）演說隊第一隊載重車一輛、（十三）第一傳令電子驢車一輛、（十四）奉天省代表隊遞呈請願書代表汽車二輛、（十五）吉林省代表隊汽車六輛、（十六）黑龍江省代表隊汽車四輛、（十七）哈爾濱代表隊汽車四輛、（十八）遼西聯合慈善團隊載重車二輛、（十九）第二傳令電驢子車一輛、（二〇）各縣代表隊載重車一輛、（二一）攝影隊載重車一輛、（二二）補給隊載重車一輛、（二三）同隊電驢子車一輛、（二四）特別宣傳記者隊汽車一輛、（二五）演說隊第二隊載重車一輛、（二六）第二統制隊汽車一輛、（二七）遊擊總司令乘馬、（二八）司令部汽車一輛、（二九）靖安遊擊隊、（三〇）徒步隊本部汽車一輛、（三一）全滿學生團隊、（三二）警察隊、（三三）高腳子隊、（三四）衛生隊汽車一輛、（三五）後衛隊汽車一輛，於下午五時許始散會。

偽國運動遊行與一群囚犯被押赴刑場之情形絕相似，日方軍警憲全體動員，該隊第一輛車手持偽國旗者為日人鶴原義，身著華服，其餘各車均有日人化裝，混充所謂「代表」，沿途散發傳單標語，並有日人用號筒演說，惜皆日語，無人聽懂，出「自治指導部」經省政府，再出大西城門，直至南滿站關東軍部，到後即推日人所豢養多年早已備妥之傀儡曲孟同（南滿醫院醫士），假充代表覲見本庄，並呈遞請求援助建國之請願書，旋即由日人領導狂呼滿洲國萬歲，日本萬歲而散，此為簡略之經過也。

至於吉林建國運動計分三期，自二月十三日起，每五日一期，分三期運動。第一期，由省城各公團發電往各縣，主張脫離國民政府建設新國擁戴溥儀為元首，第二期，省城縣城假藉民眾名義組織遊行隊，持標語小旗遊行。第三期，各縣推舉代表到省，組織全省之遊行隊。以上三期完畢，各省區再用汽車遊行。復由各省區推舉代表赴遼，為各省區聯合之總遊行。

第一期之文電運動，既如法泡製。第二期運動，為二十二日。先日置備小旗標語（如建設新國家，打倒國聯之干涉等等），屆期迫各公團學校參加，因無學生，遂召集永衡官銀號之學徒，每一校旗後，令十餘學徒隨行。並迫呼「新國家萬歲，大日本帝國萬歲」，除日人鮮人外，中國人無和聲者，日人所辦之同文商業學校有學生二十餘名不隨行出省署東轅門，各將標語旗等撕毀，手執光桿，煞是可笑。道旁觀眾以最穢勢之土語細聲詈罵，執旗遊行者亦低頭有慚色。至收隊時，人數更少，每人只發永洋一角之點心票。（點心票可持至江源永取點心四兩）。

第三期之全省遊行，因期限迫促，改於二十五日提前舉辦。二十四日，在促進會討論次日遊行辦法。會議時，日顧問在西屋，主張非男女學生加入不可。某廳長即告以現在尚未開學，何來學生，明日遊行，只能照上次向永衡號僱學徒，女生無處僱，絕對無有。日顧問堅持不可，爭論再四，不得解決，乃請大迫顧問（大迫為舊有之顧問，其權力似在諸日顧問之上）調停，始許可通融照前僱用。又日顧問主張，廿五日遊行人數，須較廿二日為多，促進會某員曰，遊行之人，實不易僱，日顧問曰，有點心票，何患無人，屆時日本軍警同行，人數當然稍眾。

此次建國運動，日人自然是熱心，作標語，製傳單，紅綠色之印刷品均從日本憲兵司令部車送郵局，寄往各縣各機關。各公團及各縣之代表，每人金票五百元，赴遼運動者，加金票三百元，派赴各縣為建國之講演者，每人金票五百元，吉林日報東省日報代為宣傳偽國運動，各給金票五千元。日本恃其金錢之勢力，作此倒行逆施之運動。

第六章　傀儡登場偽國成立

第一節　傀儡溥儀入選

日本製造數月，煞費問章之建國運動，已如兒戲般演過，於是自治指導部為偽國成立事特通令各縣如次：

自治指導部訓令奉字第一三一號內開為令遵事查本部成立後，籌議各省區，及蒙古區域，建設新國家事項，茲經本日議決新國家之名稱，定為滿洲國，元首稱執政，年號定為大同，國旗用新五色旗，首都定在長春，特電查照，此令。

自治指導部二月三十日

偽國已通令成立，傀儡尚難立即登場，雖土肥原親到天津趁事變將溥儀挾之東來，為備充偽國傀儡之用，但不便公然出台，故再作出種種把戲，一方面迭往擁戴，而一方忸怩作態令其表示不就，茲將溥儀兩次覆偽國故示謙遜之函列後：

第一函

予自播越在外，退處民間，閉戶讀書，罕聞外事，雖宗國之阽危，時軫於私念，而救濟之方略，未講於平時，憂患餘生，才微德鮮，今東北代表凌陞等前來，猥以藐藐之躬，當茲重任，五中驚震，彌切慚惶，事未更則閱歷之途淺，學未裕則經國之術疏，加以世變日新，多逾常軌，際遇艱屯百倍疇昔，人民之疾苦已臻其極，風俗之邪詖，莫知所屆，既不可以陳方醫變症更不可以推助徇末流，語所謂危急存亡之秋，一髮千鈞之會，苟非通達中外融貫古今，天生聖哲殆難宏濟，斷非薄德所能勝任，所望另發賢能，造福桑梓，勿以負疚之身，更貽口實。

第二函

前表愚衷，未蒙諒允，更辱推戴，悚惕殊深，慨自三省變興，久失統治，承以大義相責，豈肯暇逸自寬，審度再三，不忍重違民意，今者憲法尚未成立，國體尚待決定，竊以為天下無無弊之法，所當兩權其輕重，材力有不及之時，要貴自知其長短，固不敢強人以從己，亦不敢違道以趨時，今與國人預約，勉竭愚昧，暫領執政一年，一年之內，如憲法成立，國體決定之後，另舉賢能，得卸仔肩，所至願也，倘所定國體，有與素志未合之處，猶不敢遷就，貽誤宗邦，此約必得國人共認，然後敢承，其有出言可箴之實，庶免為德不卒之譏，蓋天下有明知其法之盡善盡善，盡心而為之，或有不如初志者矣，斷未有明知其法之不善，違心而為之，而或收善果者也，覆轍未堪重跡循仁必至，願得一言，以為息壤，心如皎日，幸垂諒焉，三月四日。

上列二函實非出於溥儀之手，蓋溥儀早已失其自由，焉有自由意志之表示，此不過欺人耳。

第二節　傀儡登場現形記

僞國傀儡溥儀既已當選，遂即積極籌備成立大典，原定為三月一日在長春舉行，特以上海戰事影響及偽都地點之爭執，遂延至三月九日始舉行，先是對於偽都有設長設瀋之爭，主張在瀋者，理由為瀋陽向即為東北政治經濟之中心，設備完全，交通便利，故偽都宜在瀋，此多為一般日人及漢奸為此主張，而關東軍部及臧式毅等則主張在長，動機各有不同，關東軍部以長春較為安全，不至立受軍事影響，或可偏安於一時，臧等則因不願擔任偽國國務總理之故，一再設法使偽都設於長春，以便擺脫，偽國成立既定三月九日，此時溥儀，被日方由旅大租借地挾至湯崗子對翠閣，以便經過三請三讓之手續，而赴長就職，當有張燕卿，馮涵清，蘇寶麟，趙仲仁，趙鵬第等十一人，奉命為勸駕委員於二月二十九日，赴湯崗子敦請溥儀，作第一次之勸駕，溥儀倣效歷史成例，表示推辭之意，於是漢奸等僕僕風塵，復於三月四日，再請溥儀，作第二次之勸駕，溥儀仿傚歷史上對佞臣初進之成例，稍露不甚堅卻之態，最後張景惠臧式毅馮涵清謝介石等，復於七日晨，來見溥儀，作第三次之請駕，此時日方以請駕之步驟已竣，即於八日偕同一班漢奸赴長春，同時並通令按下列之辦法祝賀偽國之成立：

裝飾

（一）由市政公署及公安局，在城裡及商埠地各處，於三月十日，揭揚建國慶祝之新國旗，並至急命令各商店裝飾之。

（二）由交通委員會命令各鐵路局，於三月十日，運轉建國慶祝宣傳到車。

（三）於城門上懸掛大書「滿洲國」之花製大廈額，各城門均須懸掛，再於城裡商埠地並與新市街接聯之地點及其他眾目所能達到之場所，設置牌樓，上懸「滿洲國」或及他慶祝新國家之字樣。

（四）於城門近處之城壁上，設置大風船揭揚處，於大風船上大書「滿洲國」或其他慶祝新國家字樣。

（五）於公園或市場等多數人集合之場所，可設置華裝之舞台，使作音樂或戲劇等其間施行宣傳演說等（慶祝建國遊藝大會）。

（六）夜間裝飾，於城門或重要官衙，宮殿，可設置彩色之裝飾電燈，各住戶夜間，亦須懸掛燈籠。

（七）人力車，馬車，自動車，之裝飾，（標語或國旗）。

（八）令於大煙筒，城壁等處，大書建國之標語。

（九）令塗毀國民黨旗黨章。

（十）令警士於三日間，各於肩上佩帶以布書之建國標語。

（十一）於山海關樹立國境碑。

書文

（一）溥儀及其他主要人物肖像印載之畫片。
（二）慶祝建國之彩色畫片。
右列二項須至急印刷會公安局商團等貼附各處。
（三）慶祝建國繪畫，漆畫亦可（在日本人方面已在籌備中）。
（四）小傳單之準備。
（五）令製作紀念郵票，代畫之明信片，郵局之紀念銷印。
（六）努力於示威行列，於各國領事，須表示敬意，於慶祝會上，可招待各人。
（七）對於由海外拍來之賀電，須答復對外關係務期圓滿。
（八）須將各地之慶祝狀況（準備及實施）速急準備告知國內及外國。

三月九日下午三日，所謂「執政就職」已屆吉時，惜是日大雪紛飛，天氣奇寒，參與典禮者除日人外，為數極少，日人竟佔十分之七，溥儀偕其妻抵長後，當與關東軍司令官本庄繁及滿鐵總裁內田等偕往偽執政府（前吉黑榷運局）舉行就職禮，斯時參與之人及新聞記者等均早候於偽執政府，以待此傀儡戲之開幕，禮堂布置苟簡已極，由引導員張海鵬，司儀員王大中等，唱導行禮，草草而終，其中最可堪痛恨者，即在傀儡就職禮序中，有覲見外賓（指日人）一項，溥儀俾躬折節，趨至台下，面向本庄敬致一鞠躬，而本庄竟未賜以正視，待當晚本庄返瀋時，復迫溥儀親送，後經鄭孝胥力為疏通，始得赦免，本庄之太上執政誠名不虛傳也，茲將傀儡劇目及登場情形分誌於後：

傀儡戲之劇目

（一）位置：禮堂正面設寶座座前設案東面為外賓西面為執事員正面行政委員分東西兩列委員後為蒙古王公均分東西列兩在此以後為各省區文武官員皆分東西兩列以次為各省區民眾代表。

（二）奏樂配列者入場：行政委員等及招待員贊禮官。

（三）參列者入場：行政委員會委員各省區文武官各省民眾代表及外賓。

（四）元首入場：執政之前後隨文武侍衛各二入由贊禮官引導。

（五）全體向元首三鞠躬元首答一鞠躬。

（六）進呈國璽：由行政委員二人向元首三鞠躬元首答一鞠躬由一人捧呈國璽一人捧呈執政之印。

（七）元首宣言。

（八）接見外賓：用賓禮相見一鞠躬一握手。

（九）外賓致祝詞：由滿鐵總裁代表。

（十）元首答詞。

（十一）禮成：元首退入休息。

（十二）奏樂。

（十三）元首再出攝影。

（十四）元首合參列者均就席酌酒。
（十五）大眾起立舉盃三呼滿洲國萬歲元首萬歲。
（十六）奏樂。
（十七）元首退場。
（十八）大眾分班退場。

傀儡登場記

傀儡表演之舞台，係假長春榷運局舊址，事前略事修葺，外牆係灰色，塗以各色標語，堂中北側中間，置傀儡就座之位，座前有播音台，台右台左，為遜清遺老及一等漢奸之席，再前之右方，為本莊國自已來賓席，左方為外國來賓席，二者之間，前為行政委員四人之席，再前為蒙古王公之席，此席之前，左為軍閥席，右為政客席，最前為二十名之所謂民眾代表席，傀儡之後，為新聞記席，限制甚嚴，參加者，均日人，自家做戲與自家看，是日參加者，均以黃色大花為標識，無此標識者，不准入內，上半十一時二十分，鄭孝胥，羅振玉，商衍瀛，寶熙，陳曾壽，胡嗣瑗，萬繩拭，林棨，王季烈，王寶善，趙景祺，毓善，及蒙古齊王等，叩見溥儀間有垂大辮之遺臣，向之行跪拜大禮者，其餘如張景惠，臧式毅，熙洽，張海鵬輩，及傀儡執政之太上皇關東司令官，皇叔滿鐵總裁等，亦先後到場下午三時贊禮王大中等導引各人入班，傀儡時御西式禮服，戴玳瑁邊新式眼鏡眾乃行三鞠躬禮。途由張景惠捧偽國璽，熙洽捧偽執政璽，進而恭呈；揖而退，次由偽行政委員會致頌辭，傀儡起立宣讀就任辭，讀畢，即退席，旋即行祝宴，大呼萬歲等之口號，傀儡執政，就任之簡短宣言，及就任辭如左：

宣言

人類必重道德，然有種族之別，則抑人揚己，而道德薄矣，人類必重仁愛，然有國際之爭，則損人利己，不仁愛薄矣，今吾立國以道德仁義為主，除去種族之別，國際之爭，王道樂土，當可見諸事實，凡吾國人，望共勉之。

滿洲國執政宣言

大同元年三月九日

就任辭

予以津亂，避地海濱，辱承眾情推戴，固辭不獲，暫領執政，當茲地方凋敝，盜賊多有，局勞間危，百廣待舉，能薄能鮮，其何能任，所與天下共見者，惟此區區救民之心而已，舉賢任能，無敢黨偏，信賞必罰，無從罔從，敦睦鄰邦，無敢詐虞，撫愛民眾，無敢欺侮，凡吾境內，一視同仁，無敢歧異，崇禮教以正風俗，行節儉以蘇困窮，兢兢業業，無敢怠荒，昔後唐明宗，曾焚香禱天，願早生聖人，以救百姓，予以敬本此心；暫持難局，以待能者，天日在上，其共鑒之。

溥儀

大滿國大同元年三月九日

第三節　慶祝偽國日人狂歡

偽國成立，日人舉國若狂，賀電似雪片般飛來，其在東北各地之日人，相繼舉行慶祝偽國大會，茲分誌於後：

日人慶祝偽國文電

謹祝建國之盛典，

此致

大滿洲國政府

日本取鳥市長

當光輝之滿蒙，新國家之誕生，謹祝執政溥儀閣下之就任，並祈國家前途與三千萬民眾之萬福，

此致

滿洲國執政府

關門日日新聞社末光線之助

際茲滿洲國之建設，謹表祝意，

此致

奉天省長臧

南陸軍大將

謹祝光輝之建國，並祈國運之隆昌，

此致

奉天省長臧

福山縣赤羽裕行以下在鄉軍人八萬六千人

奉天

臧式毅閣下，

謹祝建設滿洲新國家，併祈發展

東京 川季 三月一日

滿洲國執政

溥儀，

謹祝滿洲國執政就任
北海道十勝每日新聞社長林繁

奉天關東軍司令部轉交
滿洲國執政秘書官，
謹祝滿洲建國，並祈發展，敬乞將此旨，轉呈
執政為荷
大日本都府相樂郡國防研究會長飯田參次

臧省長
祝新國家之誕生，東京東洋協會會長水野錬太郎，

滿洲政府
祝福新國家，並祈將來發展
岐阜日日新聞社

以三千草蒼生之奮起，遂成建國之大業，日滿融和，始得告成，曷勝榮賀，茲對於閣下及其
他各位，得表深厚敬意機會，衷心光榮
朝鮮銀行總裁加藤敬三郎

臧省長
對於建設平和滿洲國家，表滿腔祝意，並衷心祈健實發展

岐阜市長松尾國松

新國家建國式場
祝貴國之建國，並祈將來發展

藝美日日新聞社

滿洲國政府
滿洲新國家樹立宣言，業已發表，友邦國民，衷心欣賀，本實現共存共榮，建國之理想

新愛和新聞社長大島

臧省長
祝滿洲建國，並祈將來隆盛

大倉喜三郎

東北各地日人除狂祝偽國成立外，並舉行大規模之報告祭於谷地日本神社，茲摘錄各地日僑舉行報告祭情形如下：

瀋陽日市民之慶祝偽國大會

一、三月十一日午前十一時市民在奉天神社執行報告祭。
二、奉天神社報告際執行終了之後即整隊往參忠靈塔三呼日本帝國萬歲大滿洲國萬歲。
三、由忠靈塔赴軍司令部對本莊司令官深表敬意三呼大日本帝國陸軍萬歲三唱滿洲國萬歲。
四、乘車隊員問訪問省政府致表賀意。
五、市待裝飾。

一、備彩燈六千個懸掛於附屬地內各街市。
二、該日均須縣掛國旗裝彩燈。
三、備新國旗兩萬三千枚由少年團青年團員在市內要地交付通行之人交付時間自該日午前八時至十時更交付馬車洋車各一枚或二枚令在車上懸掛。
四、西路各處須掛日本國旗及新五色旗各一對。
五、新市街水樓子均用彩電燈裝飾。
六、忠靈碑門前作一彩電燈門樓。

七、大和旅館及大廣場之樹木間亦用彩電燈裝飾奉天驛舍用彩電燈裝飾。
八、奉天驛前浪速通及千代田通之二街頭作彩電燈門樓。
九、電車廠備花電車汽車公司備花汽車來往街市部送行人。
十、瓦斯會社在市內十二個地點焚大瓦斯火此外自午後六時始於大和旅館開市民大祝賀大會又奉天城內祝賀方法本月三日在省政府招集各機關代表討議具體的方法。

遼陽日人慶祝偽國成立情形

※建國成立當日向執政發祝電。
※當日及翌日各戶均揭國旗表示祝意。
※開祝賀夜會。
※市中裝飾及電飾，（主要住所房屋之裝飾，汽車馬車裝飾等）。
※設備建國宣傳繪畫及繪行燈，（由奉天本部送與）。
※貼建國傳單（奉天本部送與）。
※開放免費電影二日。
※市中遊行。
※記錄編纂。

右行事順序預定於十一日午後一時，全市民及學校學生，一同集合遼陽神社，一時十分，行報告祭後，乘馬車遊行，參拜忠靈塔，訪問師出司令部，表示敬意，次訪問新遼陽縣政府，乃呈賀狀，歸至中央廣場解散，祝賀費用，由奉天本部撥給，金七百二十元，設左記各係，分擔處理，期無遺漏。

總務係：通知連絡貼傳單，行燈，分配小旗，發送印刷夜會招待狀，及不屬其他各係事項。

式典係：於神社行報告祭，參拜忠靈塔，祝賀電等事項。

電飾係：驛舍，公會堂，小學校，神社牌坊忠魂碑上部電飾等。

市中裝飾係：驛前，中央廣場本町附近三處書「祝建國」三字，設備角形大燈，設備國旗交叉電燈，設備晝燈。

餘興係：在遼湯座設免費電影。

行列係：借汽車八輛，馬車一百輛，裝飾汽車馬車，雇音樂隊，

祝賀夜會係：場觴公會堂，設備內外招待，軍部首腦及新國家方面，料理其他一切，出席者取會費金一圓每名補助五十錢。

救護係：托滿鐵醫院。

記錄係：記錄祝賀會當日各種行事情形，終了後，五日以內，報告本部，（添加像片）。

警備係：遊行電影，其他警備，皆歸警察及憲兵隊云。

本溪日人慶祝偽國成立情形

本溪湖日本人方面之時局委員會，於三日午後，在該地方事務所協議，新國家之祝賀方法，其結果，決定如左：

一、三月十一日，開祝賀會。

二、祝賀方法，則於紀念碑及神社並市中，均行電飾，由奉天聯合會送與小旗三千，繪畫燈籠五百，分配市內各戶，而各戶俱掛國旗，俾奉祝氣勢增高。

三、神社執行奉告祭後，即行全市民之執旗遊行，始招待守備隊將校及中國方面要人，開祝賀大宴。

第七章　偽政府之荒謬措施

第一節　日人對行政權之操縱

偽國成立後，日人因有傀儡之組織，更可任意操縱一切，首先頒布任日人駒井等為下列之行政官吏。

執政令

任命駒井德三為國務院總務長官，此令

任命金井章次為奉天省公署總務廳長，此令

任命三浦緣郎為吉林省公署總務廳長，此令

國務總理　名印

執政　名印

偽國各省行政經費之規定

※省公署：一等三十萬元；二等二十五萬元；三等二十萬元。

※民政廳：一等省七萬元；二等省六萬元；三等省五萬元。
※教育廳：一等省六萬元；二等省五萬元；三等省四萬元。
※實業、警務、總務三廳均與民政廳相同。

各省政府改組後，由日人任總務廳長，總攬一切，舉凡省政之設施，人員之任免，均須呈請總務廳長之許可，方能執行，省長不過徒擁虛名而已，日人所主張之「避名取實」，此時已完全實現矣，而日人既充任偽國重要官吏，復忍心害理作如下之聲明：『滿洲國任用日人乃係根據滿洲國建國之精神者，即執政與國務總理維持滿洲國熱心，而其他任何國人皆可任用之，現下之多難時期，希望被用者能甘心受其粗惡待遇，以援助滿洲國之建設』，凡從前在東北之日本浪人，因斯均一躍而為偽國官吏，據調查所得現充偽國之各級日人官吏約二千八百餘名之多，至於日人對於行政方面之侵佔，易止萬端，茲略述於後：

一、四頭包辦偽國

偽國總務長官駒井德三，外交部次長大橋忠一，財政部次長扳谷崎一，民政部總務司長中野琥逸，為偽國之大台柱，操縱把持無所不用其極，不論偽國用人行政及款項之動用，如不經日人之許可，不惟無效，且被認為違法，此各省偽政府亦由日人操縱，遼寧偽省府總務廳長為金井章次，吉林總務廳長為三浦，黑龍江總務廳長為村田，均為避名取實之省長，此外並規定凡各級機關總務人員均得由日人任之。

二、支配用人用款

偽國行政既全部操於日人之手，舉凡用人用款非經偽國總務廳主計，人事兩處核定者無效，該兩處處長亦均由日人充任，熙洽雖身任財政總長而不得動用百元以上之款，至用人，亦復如此，不論任何機關任用人員，均須經偽政府人事課之審核，而人事課長又均由日人任之，錄取與否，偽執政，偽總理，偽省長無權干涉也，茲將偽國各項經費支出暫行手續列後：

各部局經費暫照左列手續由主計處長支付之。

一、薪俸等費由部局擬定後按照人事處長核准之支付申請單支付之。

二、用品經費按照需用處所擬定之支付申請單及憑單等支付之。

三、其他經費由各部局長向主計處從出支付申請單。

四、經費科目依照預算編製科目分類。

附　預算編製科目如左：

※暫支款項（各部局）　人事費　薪俸

※同上（同上）　同上　旅費

※同上（同上）　家具費　家具費

※同上（同上）　雜費　雜費

三、實行亡國教育

自九一八事變發生後，東北中等以上學校多半停課，雖小學開學較早，而教材課本等均皆刪改，玆錄被日人刪改之小學課本列表如後：

初小部

一、初小修身科採用新學制適用新小學教科書公民課本（民國十二年中華書局出版）

第三冊 第一課國旗二字暫改為校旗。

第六冊 第十二課、第十三課、第十五課均刪除。

第七冊 第八課、第十四課均刪除。

第八冊 第一課、第二課、第三課均刪除。

二、初小國語科採用新學制國語教科書（民國十二年商務印書館出版）

第一冊 第五十課刪除。

第五冊 第一課刪除。

第八冊 第一課刪除，又第四課末一節刪除。

高小部

一、高小修身科用新學制適用新小學教科書公民課本（民國十二年中華書局出版）

第二冊　由第十一課起以後均刪除。
第三冊　第七課第八課第十一課均暫停授。
第四冊　第一課、第二課、第三課均暫停授。
第四冊　第一課、第二課、第三課、第四課均暫停授，第十四課刪除。
二、高小國語科採用新學制國語教科書（民國十三年商務印書館出版）
第三冊　第四十九課、第五十課均刪除。
第四冊　第四十二課、第四十四課、第四十五課均刪除。
三、高小歷史科採用新學制新撰歷史教科書（民國十三年商務印書館出版）
第二冊　第一課第三節刪除、第四課、第十六課、第十七課均刪除，由第二十課起以後均停授課、均刪除，第二十課起以後均停授。
第三冊　第十四課末二節刪除、第十五課第二節刪除、由第十九課起以後均停授。
四、高小地理科採用新學制新撰地理教科書（民國十三年商務印書館出版）
第一冊　第一課、第二課、第三課、及七課之第三節均刪除。
第三冊　第七課、第十三課、第十四課、第十九課均刪除。
除修身國語史地等科外，其餘各科用書由各該校隨意採用，但須刪去排外材料。

附註：

一、除右表所列刪正者外如教員教授時發現字句間仍含有排外意味者得隨時酌量改正之。

二、各科書內關於各種制度與名詞以及我們我國等字樣有與時勢不合者得由教員隨時改正之。
三、教授史地時應由教員隨時補充鄉土教材。
四、高小公民課本有語體文言二種以採用語體為原則如無語體原本時得採用文言。

右列之中小學教材刪改表，不過為日本在未編輯正式課本前之過渡辦法，關於改編中小學校之課本，已由關東軍部指派日人坪川與吉，安藤及南滿中堂中文教員閻某等數人為中小學教科書改編委員會，預計今秋開學時即可改編竣事。

四、中學校教科書刪改一覽

初級中學男子部教科用書一覽

一、修身科：共和國教科書，修身要義二冊，樊炳編，（商務）本科如用書不便，得由各校教員，自行撰輯，編印講義。
二、讀經科：孝經科第一年，孟子卷上第二年，孟子卷中第三年，
三、國文科：初中國文數本六冊，張弓編，（大東）國文法綱要一冊，姜證禪編，（大東）以上二書刪正見另表。
四、歷史科：滿洲史因無相當課本，暫行停授，新中華本國史二冊，金兆梓編，（中華）此書應改名為《初中中國史》刪正見另表，新中華新國史二冊，金兆梓編，（中華）此書應改名為

《初中世界史》刪正見另表。

五、地理科：滿洲地理因無相當課本，暫行停授，新中學本國地理二冊，丁詧盦編，（中華）此書應改為《中國地理》，刪正見另表，新中學世界地理一冊，丁詧盦編，（中華）此書刪正見另表。

六、數學科：初中算術教本二冊，軼軼庸編，（大東）此書略有刪正，見另表，現代初中教科書代數二冊，吳在淵編（商務）現代初中教科書幾何二冊，周宜德編，（商務）平面三角法教本一冊，薛邦邁編（大東）。

七、博物科：初中自然科學教本六冊，夏佩白徐養正編，（大東）新中學動物學一冊，宋崇義（中華）新中學植物學一冊，（中華）新中國礦物學一冊，（中華）新中學初級生理衛生學一冊，張起煥編（中華）。

八、物理科：現代初中教科書物理學一冊，周昌壽編（商務）。

九、化學科：初中化學教本一冊，周毓莘編（大東）。

十、日語科：現代日語二冊蔣君輝偏，（大東）此書下冊略有刪正，見另表，初中僅用上冊。

十一、英語科：英文讀本文法合編三冊，胡憲生編，（商務）新中學混合英語六冊，沈彬編，（中華）此書略有刪正見另表，英語模範讀本四冊，周越然編，（商務）本書須用五年以前舊版。

備註一：除刪正表以外如發現字句間含有排外意味者，得隨時刪除之。

備註二：書中遇有「吾人」、「我國」等字樣，不合滿洲國無口吻者，得隨時訂正之。

初級中學女子部教科書一覽

一、修身科：共和國教科書修身要義二冊，樊炳清編（商務）本科如用書不便，得由各校教員自行選輯，編印講義。

二、讀經科：孝經第一年，孟子卷上第二年，孟子卷中第三年。

三、國文科：新學制國語教科書六冊，范祥善編，（商務）國文法綱要一冊，姜證禪編，（大東）以上二書，略有刪正，見另表。

四、歷史科：滿洲史因無相當教本，暫停授，新中華本國史二冊，金兆梓編；（中華）此書應改名為《初中中國史》，刪正見另表，新中華外國史一冊，金兆梓編，（中華）此書應改名為《初中世界史》，刪正見另表。

五、地理科：滿洲地理因無相當教本，暫行停授，新中學本國地理二冊，丁營盦編，（中華）此書應改名為《新中學中國地理》，刪正見另表，新中學世界地理一冊，丁營盦編，（中華）此書刪正見另表。

六、數學科：現代初中教科書算術一冊，嚴濟慈編，（商務）此書略有刪正，見另表，初中代數教本二冊，張鴻溟編，（大東）新中學初級幾何學一冊，吳在淵編，（中華）新中學平面三角法一冊，胡仁源編（中華）。

七、博物科：新中華自然科學三冊，華文祺華汝成編，（中華）現代初中教科書動物學一冊，杜就田編，（商務）現代初中教科書植物學一冊，凌昌煥編，（商務）現代初中教科書礦物學一冊，杜其堡編，（商務）現代初中教科書生理衛生學一冊，顧壽白編（商務）。

八、物理科：新中學物理學一冊，鐘衡臧編（中華）。

九、化學科：新中學化學一冊，鐘衡臧編（中華）。

十、日語科：現代日語二冊，蔣君輝編（大東）此書下冊略有刪正，見另表，初中僅用上冊。

十一、英語科：英文讀本文法合編三冊，胡憲生編，（商務）新中學混合英語六冊，沈彬編，（中華）此書略有刪正，見另表，英語模範讀本四冊，周越然編，（商務）本書須用五年以前奮版。

備註一：除刪正表以外如發現字句間含有排外意味者，得隨時刪除之。

備註二：書中遇有「吾人」、「我國」等字樣不合滿洲國民口吻者，得隨時訂正之。

農業學校用書一覽

一、高初中兼用者：中等肥料學，蔣繼尹編，（中華）實用氣象學，徐金南編，（商務）中等農產製造學，包容編，（中華）農作物病害畢陸旋編（商務）。

二、初中教本：中等土壤學楊炳勛編，（中華）栽培學龔厥民編，（商務）作物學凌昌煥編，（商務）畜產學關鵬萬編（商務）中等養蠶法王歷農編，（中華）農作物害蟲學謝圖編，

（商務）中等農蔣學蔣繼尹編（中華）。

三、高中教本：土壤學何述曾編，（商務）作物學通論，黃紹緒編，商務作物學汎論，顧復編，（商務）作物學各論，顧復編，（商務）中等畜牧學梁華編，（中華）中等家禽學梁華編，（中華）中等植物育種學徐正鏗編，（中華）中等農業昆蟲學孫鉞編，（中華）中等農業經濟學顏淪澤編，（中華）養蠶法教科書鄭辟疆編，（商務）農業化學沈覲寅編，（商務）農具學顧復編（商務）。

四、學生參考書：中等棉作學馮澤芳編，（中華）中等稻作學周汝沅編，（中華）中等作物學周汝沅編，（商務）稻作學湯惠蓀編，（商務）桑樹栽培教科書鄭辟疆編，（商務）蠶體解剖教科書鄭辟疆編，（商務）蠶體病理教科書鄭辟疆編，（商務）肥料學講義劉友惠譯，（商務）造林學各論李蓉編，（商務）中等農桑氣候學象慰農，中華園藝能學劉大紳編（商務）。

商業學校用書

實用銀行簿記二冊謝霖編，（商務）商業道德一冊盛在坰編，（商務）高商會計書一冊吳應圖譯，（商務）高商商業地理二冊蘇繼廎編（商務）高商銀行學一冊陳其鹿編，（商務）高商匯兑論一冊俞希稷編，（商務）高商保險學二冊王效文編，（商務）高商審計學一冊吳應圖編，（商務）高商統計學一冊陳其鹿編，（商務）高商財政學一冊陳其鹿編，（商務）高商貨幣論一冊王效文編，（商務）高商商法要論一冊郝立輿編，（商務）高商商業史一冊許炳漢譯，（商務）高商商業政策一冊周佛海譯，（商務）高商商業算術二冊吳宗濤編，（商務）。

高中師範女子部教科用書

一、國文科：共和國文教科書，國文讀本評註四冊，許國英編，（商務）新中學高級古文讀本三冊，穆濟波編，（中華）中國文字學大意一冊，江恆源編（大東）以上各書，略有刪正，見另表。

二、數學科：查理斯密小代數學一冊，陳文譯，（商務）新學高級代數學一冊，張鵬飛編（中華）民國新教科書幾何學一冊，秦沅編，（商務）新中學高級幾何學一冊，胡敦復編，中華民國新教科書三角學一冊，秦汾編（商務）新學制高中三角術一冊，趙修乾編（商務）。

三、生物科：近世生物學一冊，王其澍編（商務）。

四、物理科：共和國教科書物理一冊，王季烈編，（商務）民國新教科書物理學一冊，王兼善編（商務）。

五、化學科：民國新教科書化學一冊，王兼善編，（商務）新時代高中化學一冊，鄭貞文編（商務）。

六、英語科：天方夜譚一冊，樊仲雲註釋，（中華）海外軒渠錄一冊，同越然註釋，（商務）高級英語讀本一冊，朱友漁編，（中華）高等英文法一冊，沈步洲編，（中華）英文典大全一冊，臘底馬原著（商務）。

倫理，讀經，歷史，地理，日語各科教本與男子部用書同故從略

此外並編纂「滿洲國史」及「東洋史」、「建國要義」，以備添授，關於今後教育大綱，偽國亦有以下之規定：

（一）小學校都會地六年制地方四年制將來採用義務教育。

（二）實業學校五年制入學資格須小學卒業。

（三）實業大學入學資格須實業學校畢業者。

（四）國務院官吏養成機關。

（五）職業學校學習技術入學自由。

五、日國人為華僑

偽國成立後，首先由偽民政部甘粕警務司長頒布偽國外僑調查令如下：

為令調查事本部警務司鑑於居留國內之外僑有調查取締之必要合亟令仰省長官長迅將所屬境內關於左記外僑各事項訓查明確尅期其報為要，此令。

計開：

一、國籍別。

二、居留縣別。
三、性別。
四、職業別。
五、生活狀況。
六、其他關於居留外僑之狀況本部應知事項。
附記：
一、各國人仍按從前之國際法辦理。
二、民國人即自建國後入國者以外國人待之。

除上述之限制外，最為取締者為我勞胞，凡進入東北及出入偽國者，均須填寫證明書等，否則不准出入偽國國境，特通令如下：

令一：

為令遵事查外人進入國境雖非盡在阻止之例每屆解冰之期民國山東以及其他各處下流勞働者移入國境人數甚眾此等勞働者中良莠不齊難免不有便衣隊混雜其中殊難鑑別當茲新國家建設伊始關於治安以及公眾衛生上均有預防之必要本部對於此項人等取締入境辦法正在通盤籌畫中在辦法未經頒布以前遇有前項勞働者入境時務須切實取締凡未持有護照及保證書或無資力及保證不確

實者應即阻禁止入境以維治安而重衛生仰即分別轉令所屬在國鏡上服務警察官一體遵照辦理切切此令。

令二：

奉天省公署奉國務院訓令內開以大滿洲國已竟成立對於國內居住之外國僑民亟宜詳細調案以資統計保護調查標準須將國籍職業年歲性別來滿年月居住地點人口確數詳細列冊造報其於滿洲成立後由山海關到滿之中華民國人亦一律以僑民待遇仰即分別轉交所屬一體遵照辦理此令。

令三：

為令遵事查凡後無論外國僑民與本國公民有出國境者須查明填出國證書沿路放行無阻新入國之外僑亦必檢驗明晰後填入國證書沿路驗證放行凡出入各縣之外僑公民各縣須派員嚴查證書若無論書之人一律嚴加防範或驅逐出境以免便衣隊共產黨潛入擾亂治安切切此令。

六、侵佔全部行政

在偽國未成立前，東北各級行政機關，均由日關東軍部派大批顧問於各機開，自治指導員於各縣，事無巨細，必須逮日人蓋章，方能發生效力，例如遼寧省政府各種公文，在省主席與秘書長之間，加「顧問」二字，如不經顧問蓋章，即為違法，各縣亦莫不如是，此為偽國未成立前之情形，待偽國成立後，全部行政均由偽國總務長官一手包辦之，按偽國組織所規定，總務長官為日人，偽國務院一切事務，均得歸其掌理，偽國務總理不過虛有其名而已，茲將偽國辦理文書暫行章程及經過手續摘抄如左：

國務院辦理文書暫行章程摘錄

第二章　核定及供覽。

第八條、文書之核定應照左開程序辦理之。

（一）文書之擬定經承辦員之上級核妥送本主管官署內關係各個所（各處科等）合議後呈主管官署長官核定。

（二）凡須與他官署合議之事項應依關係之深淺指定合議之順序將文書依次送閱。

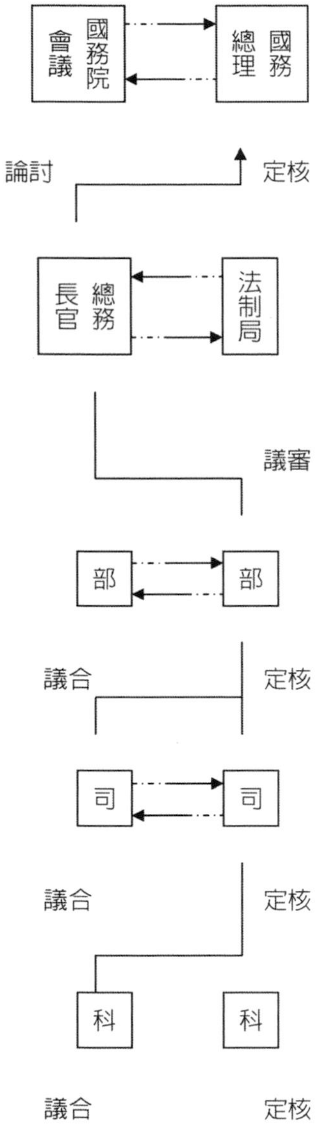

（三）凡文書已照上列二項之手續辦理完竣後，應送交總務廳由秘書處長按照文書之性質分發各處由各處長提交總務長官。

（四）總務長官得因必要情形送交法制局審議後呈國務總理。

（五）應由各部局核定之文書須準照前四項辦理之。

按以上之系統，勿待解釋，即可明瞭偽國處理一切政務之真相，所謂法制局長為日人松木俠，所謂總務長官，即日人駒井德三，所謂國務院會議，主席亦為駒井德三，此為偽國最高權力機關如此，而東北三省政府亦莫不如此，日人金井為遼寧省政府總務廳長，三浦為吉林省府總務廳長，村田為黑龍江省府總務廳長，分別進行包辦我東北一切政務，按偽國省公署總務廳長所轄之事務如下：

總務廳掌管左開事項

一、屬於機密之事項。

二、關於人事之事項。

三、關於文書及統計事項。

四、關於管守官印之事項。

五、關於會計之事項。

六、他廳不屬之事項。

七、舉行縣長會議

偽國民政部在偽國成立伊始，特責成該部總務司長中野琥逸籌備縣長會議，計分三期舉行，以便各縣長分期參與，此外為訓練縣長服從偽國計，特設「縣長訓練學院」，訓練期間為六個月，各縣長分兩期調省入院訓練，由中野兼任院長，復為視察偽國成立後各縣之行政狀況起見，特派大批各縣行政視察員計有雨谷菊夫，通口勇，神間脩二，石井貫一，中川逸男等廿餘人分往各縣視察。

八、警察權之淪亡

偽國警務司長為日人甘粕正彥，而以下東北各省之警務廳亦均由日人充之，總攬我東北警權，對於全境警察之管理頒布後列之規定：

（一）滿洲國警察權嗣後歸中央管轄之

（二）東省特別區警察管理處由東省特別區長官指揮監督之

（三）首都警察由民政部總長直轄之

（四）奉天營口錦州齊齊哈爾安東吉林等處警察從前由市管轄者一律改由省長直接指揮監督之

（五）各縣之警察承縣長之指揮監督辦理警察事務但關於討伐土匪詩應承警備司令官之命令

（六）各鐵路局之路警處按照舊章辦理

此外復組織所謂「國境監視警察隊」計共一千名，由日人中村任大隊長，已分別派往山海關、復縣、安東、綏芬等處駐守。

九、偽國亦辦政黨

偽國成立後，日人仍覺在政治上之地位，未能十分穩固，雖聲稱偽國為日鮮滿蒙漢五族組成，然總覺有不自然處，是以妙想天開倡組「滿洲國協和黨」（又名協和會）黨員不限國籍，凡黨員均可為「滿洲國」官吏，如此日人，便可確立其充任偽國官吏之資格矣，並委日人大羽時男，中下魁平，上田駿等為，協和黨設計委員會委員，並頒布黨法全文如左：

滿洲協和黨法

為謀統一民意期作興建國精神及施政之暢達著即制定頒布滿洲協和黨黨法如下：

第一條、滿洲國使滿洲國民設立滿洲協和黨擔任作興建國精神及施政之暢達。

第二條、滿洲國民無論種族身分從黨則所規定得為黨員。

第三條、關於滿洲協和黨之諸規則得以黨則制定之。

第四條、滿洲協和黨費由國家補給之。

第五條、滿洲協和黨得營達成第一條目的上所必要事務。

第六條、滿洲協和黨得利用國家營造物。

附則：本法自公布日起實施之。

十、別開生面遴選使節

僞國之被日人玩弄，已無微不至，近迫僞國揀選赴日呈遞國書少女使節團，由「日滿鮮」中各選二名派赴日本，除代表傀儡政府呈遞國書外，並藉與聯歡，其選擇方法係由瀋陽，撫順，長春三公學堂選出「滿洲國」代表二名，由大連，長春公學堂選出「日本」代表二名，再由瀋陽，安東兩處選出「朝鮮」代表二名，茲將其姓名列後：

日少女：和泉美幸、津田美壽

滿少女：楊雲、金君姬

鮮少女：俞福順、雷靜淑

上開少女代表在本年六月十八日赴日本，此外僞國文教司，又鑒於亡國教育，應在少年時期起始，通令各學校仿日本從來之少年團祖織辦法，組成「滿洲國」少年團聯盟，選派赴日，藉謀軟化我青年，用計誠毒恨矣。

施行苛政沒收私產：僞國成立以來，奇政虐民之事，罄竹難書，茲略舉數事，以窺一般。

禁種

日本為防我民眾狂青紗帳起時抵抗起見，特嗾使偽國通令各縣村民沿鐵路兩傍禁種高田，其原令如下，「為准關東軍部函開以在南滿鐵道兩傍自電桿為起點以外六百米突之內不准播種高粱包米穀類等禾稼以免障礙等因到院業已議決照辦在案實恐各鄉農民隨意播種致礙防務除分令外合亟布告周知各鐵道附近村屯人民一體知照切切。」

儲金

日人卵翼下之偽團，惟恐人民生產之剩除，除增加奇捐苛稅外，更巧立名目，以資剝削，擬於戶籍法完成後，更對全民眾實施社會保險制度，其第一步於完全施行戶籍法之各縣創立愛國儲金辦法，限於二十歲以上之青年有資產者則出錢，無資產者則出勞力，即自外國入國者，於其入國之際，即行徵收此項儲金，於本人死亡時返還遺族，似此變名之奇捐，實置我東北人民於死地而後已。

沒收

偽國於本年六月間頒布沒收私產令，凡不能與日人合作者之私產如土地，建築物，各種投資及銀行存款等均在沒收之列，日人均認為官有之產，是以特設「官產清理處」專辦理沒收此項私有財產事宜，此外偽國實業部為逐漸沒收一般農民土地計，特通合沒收辦法四項如左：

一、舊軍閥關係者之逆產悉行沒收，同時更關於事變向他處逃走而不歸回者之土地，得在各縣租與一般希望者以耕種之。

二、租地期間，限一年。

三、租金或小作料，皆交納於縣公署。

四、該希望者報名於縣長，以獲得耕作權之許可。

處死

偽國成立後，無日不懼被人顛覆，為預防計，除日本軍警嚴密警備外，最近更由偽國法務，警務兩司頒布懲治盜匪法及緊急治罪法，違者悉處死刑，計懲治盜匪法五條，危害滿洲國緊急治罪法二十條，凡企圖顛覆偽國有加害偽國各機關之意思或未遂者，悉格殺勿論，在審判之第一審時，即判決確定，不許上訴，似此等酷刑實為各國空前所未有，今我東北人民竟身受之矣。

第二節　日人對經濟權之劫奪

一、移民雜居

日本移民於我東北，倡始於日俄戰後之日小村外相，歷年萊茵受我國勞胞與之競爭；未能暢遂所願，自日本將偽國造成後，首先即宣傳偽國須繼承莫大之對日債務，本利既不能俱償，故應割吉林省延吉道方面二百五十萬町之土地及湫江興安嶺一帶，劃歸日本，可移民百五十萬人，作屯兵開墾之用，該區一切不受偽國管轄，由日本在鄉軍人組成屯墾義勇團，准於本年七月開到延吉，間島等處，作移民先鋒，公推本莊少佐為團長，第一批為六百名，由「東京滿洲殖民協會」在日本國內，極力提倡之，此外劃遼河流域及三江口一帶為朝鮮移民之區，面對於關內如齊魯勞胞等之來東北，則厲行禁止，茲據偽國民政部地方司社會科長日人某，曾有以下之聲明，「由滿洲國所標榜之門戶解放趣旨觀之，移民固不拒絕，惟其處置辦法，自然不得不加以非常的考慮，就中由民國移住於我滿洲國之苦力據統計，每年約達一百萬人，其中六十萬人，屬於歸國者，對於此項季節的勞働者，尤須慎重研究，緣彼勞働者，若每年能蓄款一百元，則每年六千萬元器件之款項，當由滿洲國流出，在滿洲國未獨立以前，此項情形，僅不過為富之國內的移動，在滿洲國既經獨立以後，當為滿洲國之損失，以此項移民問題，現正在慎重複慎重之研究中」，同時日本為辦理移民便利起見，日拓務省特設辦理日農移滿奉天出張所，委永并等負責進行，關於雜居地帶，亦有所劃分，除遼，吉，黑外，又劃出興安一省，該省計分東，南，北三分省及雜居地域，該區域計包括，由東分省北境，與嫩江交叉點，沿小興安嶺，先向東轉向南下，經東安鎮通北，出於望奎之西方，稍西旋後再南下，過東鐵西部線對青山站西方，沿松花江，經肇州陶賴昭至烏拉街，旋沿鰲龍河過吉長路樺皮廠，由奢嶺口子沿防堡，經昌圖法庫至彰武南方，沿省界向西北方，至綏東東方，與南分省接境線，此線迤西，至東南兩分省東部境界間之地域。

二、關稅郵政

九一八事變後日本時思染指我國關說，惟因礙於國際關係，未能早遂所願，三七日偽國成立，日人假藉偽國名義，派日人小澤茂一為山海關監督公署顧問，又於同月十五日，偽國命令東北各稅關，拒受中國一切政令，禁解稅款，並由偽財政部長發表關稅自主之荒謬宣言如下：

「滿洲政府於建國後，即為對關稅自主權獨立，採取穩便的措置，而於三月二十一日，向南京政府，正式作如左之提議。」

一、將大連及其他全滿海關，畫歸滿洲國統治。

二、輸入稅率及其徵稅方法，暫照現制辦理。

三、關於以關稅為擔保之外債償還，滿洲國願由海關收入項下，依合理的方法，分擔之，但滿洲國得扣留其餘額。

四、海關職員暫用舊有人員，但在任命稅務司幹部時，須求獲滿洲政府之諒解，乃南京政府對上項提議，匪特置諸不理，且反汲汲於督勵各海關人員，於是我方遂即停匯滿洲海關稅收全部，加以警告，但南京政府仍未反省，因之我方乃以對該問題之解決，不容再事遷延，而作斷然的決意，準備完全掌握大連及其他海關稅收焉，又滿洲政府，更擬於七月九日，依此意旨，通告大連稅關長，要求其轉告總稅務司，應允滿洲國之關稅自主權獨立，如是，而總稅務司及南京政府，若仍置諸不理，然後再採取斷然的措置，並警告關於此事全責，應由南京政府負之。

偽國受日人之嗾使，既作上述宣言，東北各海關，遂先後由日人以顧問名義，實行干涉關政，其積存各銀行之款亦旋被沒收，最後日人更行其武力高壓手段，驅逐各關稅務司並扣留關員，茲將其強制接收各稅關情形，分誌如後：

龍井村

延吉關署稅務司華樂士（英人），約於三月上旬接到延吉關監督通知稱，東北最高行政委員會，已委派日本顧問一員，凡屬海關一切事務，均須與訪日顧問商洽等云，惟是時之後，久久未有何種急劇之變動，迨至六月二十一日，該日顧問忽命海關存款之朝鮮銀行，凡稅務司所開支票，不得有效，但朝鮮銀行既屬日商銀行，非在滿洲國管轄之下，若不遵稅務司調度海關稅收之命令，於法律上自無根據也，至六月二十九日，突有海關監督偕同日本顧問宮本及日本軍官井上等到關，當由來人偕同手執手鎗之衛兵入內，要求立即移交，當時稅務司以手無寸鐵，當然無力反抗，故監督即將日本顧問延入，宣稱該日顧問已受任該關稅務司之職，龍井村最後匯解稅款之日，為本年六月二十二日，總稅務司曾於七月十二日送致以下之公文於日本公使館，但尚未接其答復，該公文如下，（銜略）逕啟者，頃准遼吉關署稅務司華樂士呈報稱，該署稅務司及其屬員，已為受命於日本顧問之武人所擯逐，而日本顧問，則尚有當地日本軍官井上與之偕同前往，並據華樂士報稱，琿春分關中國關稅官員英人馬根傑，亦以受武力之干涉，不能行使職務，並身處危險之中等情，特此奉懇代為調解，何以日本軍事當局，如日本軍官井上等，竟會同滿洲礬顧問直接干涉中國海關行政（下略）。

安東

安東關署稅務司鐸博賚（美人）所受第一次干涉表示，係在三月初間，由日領事以私人資格，勸告稅務司，謂關監督將請閣下以海關移歸偽國管轄，望先為預備，未幾，即有海關日顧問之委派，但該顧問至六月中旬，始有積極行動，承轉偽國財政部命令，勒令中國銀行不得再匯稅款往上海，自是所收稅款，乃積存中國銀行，迨六月十六日，即有武裝偽警四名，偕偽警署副督察長日人，往中國銀行通知經理，謂前來看守稅款，六月十九日，中國銀行乃以七十八萬三千兩解交東三省官銀號，並通知稅務司，謂出於武力脅迫之結果，

安東關稅款一部分，係存儲朝鮮銀行，該行為日人所有，不受偽國直轄，詎竟不肯匯出稅款，聲稱奉漢城總行訓令，所有稅款，解交滿洲國政府，並據報告，漢城朝鮮銀行總行，曾將此問題商諸日本外務省及大藏省安東稅款，既被奪取之後，第二步及進攫海關行政，六月二十六日及二十七日，日顧問一再要求將海關移交於彼，稅務司當予拒絕，翌日遂有偽監督偕同顧問，率秘書等十餘人，至署索取鑰匙，稅務司拒絕其請，即有兩武裝偽警（俱日人）入室強索，稅務司仍力拒不允，又有四偽警，（皆日人）持來福槍；包圍稅務司簽字，稅務司乃不得不屈服於武力之下，在提出最後抗議後，即離關署，六月三十日，有安東關員司二十七人（日人二十五名，朝鮮人二名），呈辭中國海關職務，稅務司乃將其

餘效忠海關之員司，遷往稅務司住宅辦公，其他在日人管理之鐵路附屬區內，冀可繼執行職務，同日日本顧問崎川即偕便衣武裝日人入稅務司住宅，索取檔案，聲稱如拒絕移交，即以武力攫取此項檔案，稅務司為安全計，先期徒往住宅，至是遂向來人抗議其武裝強入坐落日本居留地內之美人住宅，詰問該顧問此舉是否通知日領事，得其同意，該顧問答稱，渠奉命令而行，不受日領事之命令，稅務司仍不移交，復有三便衣武裝日人入室，見稅務司堅拒不與，即拔出手槍相向，稅務司遂於槍口之下，被迫交出檔案，立由日人移去，當時稅務司曾派一英籍關員，往毗鄰日領事署，請其援助，乃因正領事外出，副領事則不願有所行動，阻此武力攫取檔案之舉，按安東關稅百分之八十，在日人管理之滿鐵附屬地內徵得，故稅務司全圖在滿鐵附屬地內執行稅務，因信日當道當不允偽警至附屬地界內干預也，不幸事竟不然，據九月四日路透電云，安東稅務司於昨夜被「滿洲國」警務長與顧問「皆日人」，偽作假託，誘至華境宴別，席間強該稅務司交出關稅餘款，威脅至三小時之久，後經嚴詞拒絕，始得釋回，偽警復入附屬地內，擅捕關員四人，並恐嚇其餘員司，稅務司既無力保護屬員生命。遂被迫將鐵路附屬地內稅務，完全暫停，查安東關最後一批解款，係於本年四月十九日。

牛莊

（營口）山海關署稅務司余腦滿（英人）呈稱，日顧問小澤茂一前於三月二十六日要求中國銀行將積存關稅，及今後稅款，解交東三省官銀號，該行在武力威脅之下，遂被屈服，催牛莊稅收，半存正金銀行，該行為享有領事裁判權之日人機關，不受偽當道管轄，詎稅務司囑其將所存稅收餘款，匯往上海，時該行經理即藉口偽政府請其停匯為理由，不允照辦，但對於海關行政，初尚無甚舉動，迨六月二十七日，遂有偽監督及日顧問率武裝警察一隊，強佔關署，該關日籍員司，亦全體呈辭中國海關職務，轉受偽國聘用，並由地方當道委前副稅務司江原為偽國稅務司，該關華職員，皆被武力強制，照舊供職，曾有一人欲去，即被逮捕拘禁，查該關最後一批解款，係本年四月十六日匯出。

哈爾濱

濱江關稅務司溥德榮（英人）呈報，偽滿洲國在三月終，即將哈爾濱中國銀行內所存關款提去，並強迫該銀行承諾，將以後一切稅收解往東三省官銀號，嗣後稅務司及其屬員照常辦公，約有二月之久，惟時時受有種種逼迫，使加入偽國海關，及至六月二十六日，偽國真實態度，始見暴露，因是日夜半，有偽國警察由日人領導海關包圍，強制接收，翌晨，稅務司到關，因海關已被封鎖，致未能入，當時即有便衣日人，（彼等明白承認隸屬日本軍事委員）至各華籍及俄籍關員家中，迫令各關員簽名於入偽國之海關志願書上，並有日顧問偕同警察往訪副稅務司安伯，於其私宅，請其擔任稅務司之職，並稱倘彼願服務偽國管理哈爾濱海關者，可得一次酬金八千五百磅，安伯拒絕受收該項賄金，數日後，安氏即被非法逮捕，並監禁五日之久，其他關員被捕者尚眾，滿洲里分關代理關務幫辦佘德（挪威人），亦在其列，而華籍關員所受恐慌；尤為可怖，即稅務司之住宅，亦為偽國警察所包圍，不久即被偽警破門而入，檢查宅內，將海關一切案卷取去，最後乃勒令稅務司及其地關員離開其住宅，查哈爾濱最後匯款之日！為三月二十八日。

大連

大連關稅務司為日人福本順，現已免職，該關去年稅收總額，為關銀一千二百四十四萬八千兩，大連設立海關，係根據於一九零七年，與日本訂立之大連設關協定，該地既在租借地之內，中國當局，初意不致受偽國之干涉，孰知事變之來，有出人意料之外者，在六月七日以前，大連關稅款，每隔三四日，即匯解一次，惟自六月七日至十四日，總稅務司未見稅款匯到，即致電大連查詢遲緩原因，時稅務司福本復電稱，彼恐匯款激出事變，故運遲尚未決定，福本并稱，關東廳外務司川井曾向福本表示偽滿洲國實有享受境內各海關稅收之理由云云，嗣後總稅務司福本再四電商，福本最後實已實不得不服從命令設法匯款之勢，不意各項手續，已經辦妥，正待匯款之時，突有日本政府官員川井横加干涉，不許即匯，該日本官員固非滿洲國之官員也，因此總稅務司即於六月二十二日向福本發出警告，倘仍不奉行訓令，即應以不服從命令論，福本復電稱，彼受某方之訓示，倘彼服從總稅務司之命，則於日本利益，大有阻礙，故實不能匯款云云，簡言之，福本已奉行關東當局之命令，而不允服從總稅務司合法之訓令矣，故總稅務司即於六月二十四日以傲慢不服從之罪，將福本免職，福本免職後，總稅務司即派日人副稅務司中村元暫行代理大連關關稅，惟中村元氏於接到訓令後，即行辭職，而大連關全體關員六十二人，除一人尚未辭職外，其餘悉已電致總稅務司，稱與中國海關斷絕關係，總稅務司近已依照上述之大連設關協定，委派岸本廣吉繼任福本為大連關稅務司，並於六月二十五日通知日本使館，請其同意，惟迄今四星期，日本當局尚未有答復遞到，再則偽滿洲國自福本免職之後，即自行組織大連海關，由福本率領各海關日員服務，現已開始非法徵收稅款矣。

偽國對於鹽務行政亦以偽國務院之名義於三月二十八日發表左列聲明，並有以下之訓令，禁解鹽款於中央政府：

一、原來設置之鹽稅機關中，除鹽運使署鹽稅稽核所並灘務處外，均撤銷其一切義務，政府由各該處接收事務。

二、從前以鹽稅為擔保之外債中，當然滿洲國可擔負考慮從前之慣例，直接可負其責任，並已有準備，故關係各國有要求時，滿洲國政府即將開始折衝。

三、現在稽核所及其所轄機關之職員仍然希望鹽運使署內就職者，協議後任用之故希望就職者，務須先與中華民國政府脫離關係即時可報告之。

國務院訓令第六號

查滿洲國政府成立後，鹽稅一項業經規定歸國庫收入項下，吉黑榷運局應歸財政部管轄，所有該局長以及所屬職員顧問諮議等人員，仍著照常供職，此令

國務總理鄭孝胥

大同元年四月十日

三、郵政侵佔

日軍佔領瀋陽之始，於十九日早約三時許有日兵二十餘人，闖入遼寧郵政總局，將守門人毒打不堪，並將郵政汽車及自行車等強行取去二十餘輛，二十日有關東軍部紫芝偕武裝憲兵二人到局嚴行搜查，並將密電碼本攜走，同時各地郵局均受同樣之檢查，待十月二日忽由關東軍部派武裝憲兵到郵局，實行檢查收發各種郵件，並加蓋「日本憲兵隊檢查濟」，八字之印章，對於郵件任意扣留焚毀，十一月十八日遼源日軍竟擅自組成日本軍用郵局，貼軍用郵票侵佔我郵權，迨無過於此者，十二月間，日本利用軍事航空，代營南北滿航空郵政，各地郵局長有稍拂日軍之意者，橫被拘捕或槍殺，如長春，立山等處是也，迨滿洲偽國成立，日人強迫懸掛偽國旗，並由偽國交通部訓令各郵局將郵戳後用「大同元年」等字樣，復派日本遞信省監視官藤原保明為偽國郵政司長，四月十四日偽國派日人田中勘吾等為接收東北郵政專員，但卒為東北郵政當局嚴詞氣絕，未償所願，茲錄偽國接收郵政訓令如下：

國務院訓令第九號

令交通部

本院茲派臧又青為接收郵電委員田中勘吾為接收奉天郵電專員除分別令派外合行令仰該部查照此令

在七月十三日，偽國交通部復派日人中村、小平，為遼寧郵政局監督，吉林、黑龍江郵政局亦由偽國派衛藤、永井，為郵政監督，在日本定製價值三千萬元之郵票，仿日郵票之樣式，即日迫令使用，東北郵局當奉部令封鎖，人員全體入關，東北郵政遂完全淪入於日人手矣，同時偽國交通部關於貼用中國郵票事，發出罰辦訓令如下。

交通部訓令第七七號（交郵經第三號）

令奉天郵政管理局長吉黑郵政管理局長。

為令知事，案查滿洲國發行新郵票業已由部令第三號令，如在案自九月一日起滿洲國境內，如仍貼用中華民國舊郵票投信者，務將其所投原函退還投信者，以促其注意。如投信人住址不明，即應照例由受信人徵收原函欠資之二倍，以昭炯戒。合行令仰該局即便遵照，並將左列各項遵照辦理並轉飭所屬一體知照，此令。

一、自九月一日起約一星期以內，有再貼用中華郵票者，即徵收欠資，務應斟酌情形從寬辦理。

二、於交換新舊郵票中，其一次請求交換過多者，應詳察交換人之家境狀況。平日行為如有形跡可疑之處，應即終止交換，具函呈請管理局長核辦。

交通部總長丁鑑脩

大同元年八月二十七日

四、礦山交通

東北礦山鐵路久為日本所垂涎，迨偽國成立後，首先頒布各種礦產收為國有（偽國）令，次即組織金礦調查班，計分兩隊，每隊為二十人，由日本專家率領，分往東北各處調查，據調查所得，計東北有著名金礦四百餘處，砂金三十餘處，每年至少產金可值一千萬元上下，其中最著名之金廠為逢源，德源，裕邊，漠河，太平等金廠，此外關於煤鐵礦亦如上述辦法，先著手調查，然後再次第開採，據偽交通部發表現已調查完竣之各煤鐵礦計有：

遼寧省　西安，北票，八道壕，復洲灣，本溪，撫順等。

吉林省　奶子山，裕東，裕吉，裕邊，穆稜，蛟河等。

黑龍江　鶴崗，黑河等。

上列之金煤鐵礦不論已開未開，公有私有，均自偽國成立起，收為國有，亦即為日本所有，藉以限制國人或他國人之投資開採，日人用心奸險已極，至於交通方面均為日人把持，例如偽交通部總務司長大幸近男，鐵道司長森甲成元：曾於三月二十五日發表整理鐵道談話如下：

一、奉山路與打通路合併實際打通路為奉山路之支線。

二、瀋海路乃官民合辦之鐵路今後改為官辦。

三、吉長路與吉敦路將來延長後合併為一線。

四、四洮路鄭通路洮昂齊克路合併為一線經營。

此外對偽國之鐵路復有整個計劃，擬築鐵路五十六條，計「滿鐵」計劃之鐵路，如安扶（安達至扶餘），洮熱等十八條，「東鐵」所計劃之如齊嫩（齊齊哈爾至嫩江）海索（海拉爾至素倫）等計十一條，又偽交通部計劃之齊拜（齊齊哈爾至拜泉）安克（安達至克山）等計二十六條，至於吉會路之完成，奉天黑龍江間，吉林大連間之聯運尤其餘事耳，並擬以二千萬元用偽國之名義贖回東省鐵路哈長支線以利日本之軍事運輸，關於航空，除已辦之新義州（朝鮮）大連間，吟遼間等航線外，更由滿鐵方面代為計劃偽國航空事業，現正責成滿鐵技術局計劃進行中，已擇定大連，奉天，長春，哈爾濱，齊齊哈爾，安東，營口，黑河等處為航空站，假營業為名，實充軍事之用，電報方面，日方已將電權由橋國攫得，統一東北電政，凡東三省各地均無限制開辦電局，並完成大連安東間之電話等，偽國交通部於本年三月十五日與關東廳遞信局長櫻井簽訂合同，掌管東北一切電信。

五、土地政策

偽國土地政策，實為各國所未有，先後公布我東北土地，可任令外人（日人）商租購買，同時令國內土地森林一律收歸國有，偽國為承認其土地所有權起見，特頒布編製「地籍簿」之法令，以示門戶只對日而開放，茲錄偽國對於外人經租土地辦法及土地森林一律停放等辦法如下：

外人經租土地辦法令

為布告事：照得凡境內有地無力耕種之農民有甘願出租者，即可隨便出租外人經營，辦法如左：

一、有欲出租者即可立永租合同一租三十年在此期內不准中途撤租致農業上受無形損失。
二、此時非軍閥時期農民勿需存盜賣國土之戒。
三、租時須得村長四鄰具結並須有契紙若係村會公地村董得一律具結。
四、出租之時須呈報本縣派員監查指定劃清界限以免糾葛。

飾告韓民租種辦法

（上略）因春融解凍，東作方興，各鄉區民地無論自種、租種均宜著手工作，免誤農時。現並規定韓民租地辦法，以免發生誤會。凡關於韓民租種民地，地主、地戶雙方均須和平辦理，不得稍有挾迫、詐欺情事，其租成後地主及地戶，如果雙方同意書立契約，即認為有效（下略）。

國有土地森林一律暫行停止出放

令吉林省、查吉省為農產之區，各縣土地地質之肥饒，水利之導引，以及播種以何種農產為宜，均須預為調查考究，方足以謀農業之發展。茲為通盤規劃起見，特令所有各屬境內國有土地，自奉令之日起，應即一律暫行停止出放，俾便整理而利進行分別遵照辦理，此令。

六、破壞金融

日本佔領東北後，對於東三省各銀行，名為派顧問監督，實際等於全部沒收，所有現存硬質均被查封，並限制兌現，而日本視此，尤以為若不整個的併吞，是不足以滿其多年的企圖，遂於三月十八日，由偽政府委任五十嵐保司為偽中央銀行創立委員長劉燏棻，酒井輝馬，久富治，吳恩培，竹內德三郎，都尚文，川上市松，劉世忠，日岡惠二為委員難波勝二為委員長助理員，同時頒布沒收邊業銀行令如後。

教令第二十一號

邊業銀行股份管理辦法

邊業銀行股份中現時不能行使股權者之股份由政府管理並代行其股權。

本法自公布日施行之。

偽國中央銀行既已開始籌備，新紙幣已委日本內閣印刷局代印，約在十一月間，即可通行於市面，所謂「準備金」殆全為沒收各銀行及省政府所存的現質，計：

（一）各省官銀號所有之正金銀行發行之鈔票二千萬元

（二）政府所有現銀三千萬元

（三）邊業銀行所有金塊及其他約四千萬元

共計九千萬元

該行在七月一日成立，準備發行二億元之紙幣額，並委下列各人員：

職銜／姓名／前任職務

總裁／榮厚／吉林財政廳長

副總裁／山成喬六／台灣銀行理事
理事／劉燏棻／永衡官銀號
同／吳恩培／東三省官銀號
同／劉世忠／廣信公司
同／武安福男／大連朝鮮銀行
同／鷲尾磯一／大連正金銀行
同／五十嵐保司／滿鐵商工課長

偽國既然成立中央銀行，發行新幣，對於原有的東三省各銀行所發行之紙幣，限以二年期間，全數收回，在未收回前，從新規定新舊幣換算率，其換算率及對於舊幣處理辦法如後列。

新舊幣換算率

茲按照舊貨幣整理辦法第三條，奮貨幣對於新貨幣之換算率，規定如左，合行公布仰即一體遵照，此令：

一、東三省官銀號發行之兑換券（內不含有天津券）：對於新貨幣一元一元。
二、邊業銀行發行之兑換券（內不含有天津券）：對於新貨幣一元一元。
三、遼寧四行號聯合發行之準備庫發行兑換券：對於新貨幣一元一元。
四、東三省官銀號發行之匯兑券：對於新貨幣一元五元。

五、公濟平市錢號發行之銅元票：對於新貨幣壹元六元。
六、東三省官銀號發行之哈爾濱大洋票（有監理官印）：對於新貨幣壹元一二五元。
七、吉林永衡官銀錢號發行之哈爾濱大洋票（有監理官印）：對於新貨幣壹元一二五元。
八、黑龍江省官銀號發行之哈爾濱大洋票（有監理官印）：對於新貨幣壹元一二五元。
九、邊業銀行發行之哈爾濱大洋票（有監理官印）：對於新貨幣壹元一二五元。
十、吉林水衡官銀錢號發行之官帖：對於新貨幣壹元五〇〇吊。
十一、吉林永衡官銀錢號發行之小洋票：對於新貨幣壹元五〇元。
十二、吉林永衛官銀錢號發行之大洋票：對於新貨幣壹元一三〇元。
十三、黑龍江省官銀號發行之官帖：對於新貨幣壹元一六八〇吊。
十四、黑龍江省官銀號發行之四釐債券：對於新貨幣壹元一四元。
十五、黑龍江省官銀號發行之大洋票：對於新貨幣壹元一四〇元。

附則

本令自大同元年七月一日施行之。

舊幣處理辦法

第一條、從來流通之鑄幣及紙幣除依本辦法所定外自本辦法施行之日起一切禁止流通。

第二條、從來流通之左列紙幣於本辦法施行後滿二年間照一定之換算率與貨幣法所定之貨幣（以下單稱新貨幣）有同一之效力期間滿了後失其效力。
（一）東三省官銀號發行之兑換券（不含天津券）。
（二）邊業銀行發行之兑換券行（不含天津券）。
（三）遼寧四行號聯合發行準備庫發之兑換券。
（四）東三省官銀號發行之匯兑券。
（五）公濟平市錢號發行之銅元票。
（六）東三省官銀號發行之哈爾濱大洋票。
（七）吉林永衡官銀號發行之哈爾濱大洋票。
（八）黑龍江省官銀號發行之哈爾濱大洋票。
（九）邊業銀行發行之哈爾濱大洋票。
（十）吉林永衡官銀號發行之官帖。
（十一）吉林永衡官銀錢號發行之小洋票。
（十二）吉林永衡官銀錢號發行之大洋票。
（十三）黑龍江省官銀號發行之官帖。
（十四）黑龍江省官銀號發行之四釐債券。
（十五）黑龍江省官銀號發行之大洋票。
第三條、前條之換算率以財政部令定之。

第四條、從來海通之奉天省十進銅元於本辦法施行後滿五年間與新貨幣一分青銅貨幣有同一效力期間滿了後失其力力。

第五條、第二條及第四條所揭之紙幣或鑄幣由滿源中央銀行總分支行依第三條或第四條以新貨幣兌換之但有本辦法施行後滿一年間得以第二條第一號及第二號之紙幣替代新貨幣兌換之。

第六條、中國銀行及交通銀行以其現在所已發行之哈爾濱大洋票額為限度得通用之但須遵照政府之命令任本辦法施行後五年以內收回之。

第七條、關於在熱河省內流通之鑄幣及紙幣另定之。

附則

本辦法自大同元年七月一日施行。

偽中央銀行在七月一日開幕後，東三省各處官銀號及邊業銀行等名稱均改為「滿洲國中央銀行官字〇〇支店，邊業銀行改為邊字〇〇支店，至此不但東北金融為之完全操縱，而逐漸整理的幣制，亦因之紊亂不堪矣，日人藉此可大遂其所欲也。

偽中央銀行呈准暫擬發行之紙幣額如左：

五角紙幣　五百萬元

一元紙幣　二千萬元

十元紙幣　五千萬元
共計七千五百萬元

日本為制裁東北於死地而後已，最近計劃實行下列三大侵略之經濟組織，已令偽國執行：

一、金融組合：為集中金融於日本計，製定「金融組合」綱，分設於各縣，由日人監理指導之。

二、勸業銀行：為股份公司，但人員由偽政府任命，受政府之監督，以專辦農民押地借款事，假此以沒收土地。

三、販賣及購買組合：日本為東北農村專販賣日貨，及專收土產計，特有以上之組織並造成日本操縱之大農業侵略化之野心。

第三節　日人對軍事警備之包辦

日本治理下之偽國，事無鉅細，均由日本包辦，所謂偽國防及其軍事布置，當然亦不能例外，更談不到「國防」二字，偽國除傀儡之少數翊衛軍外，即無所謂軍隊，下列各項除日本代為訓練之軍隊外，則將東北原有軍隊之殘部強拉硬拽，劃為「滿洲國」之軍隊，其實終日與我東北義軍所拼者，皆日軍也，茲將偽國制定之軍事布置分述如後：

一、制定陸軍警備區域

一、挑遼警備司令部之擔任警備區域

通遼，康平，昌圖，梨樹，懷德雙山，遼源，鎮東，洮安，洮南，泰來，突泉之東半部，景星之西南半部

二、奉天省警備司令部擔任之警備區域

除洮遼警備司令擔任區域外之奉天省各地，屬其指揮之軍隊，就現在奉天省之軍隊中，除新歸入洮遼警備司令之指揮外之其餘全部，

三、吉林省警備司令部之擔任警備區域

吉林省全省各地

四、黑龍江省警備司令部之擔任警備區域

除大賚縣，西南部分外，黑龍江省全省各地，

二、江海防及航空

偽國對於海防，仍假葫蘆島為根據地，預擬由日本撥來，巡洋艦五隻，即以此為借款，營口暫由日本代為警備，以示有攻守同盟之精神，外撥飛機二架，襄助警備，關於江防，則以東北舊有江防砲艦之一部組織江防艦隊，司令部設於哈爾濱，據調查偽國現有之江防艦隊實力如左：

砲艦　利綏　二六〇頓　江亨　五五〇頓　利捷　二二〇頓
利濟　二五〇頓　利川　三七五頓　江通一九〇頓
江安　一九〇頓　江清二二〇頓　汽船　東乙　二〇〇頓

關於航空除日本佔領後假用營業性質開通之航線外，近又嗾使偽國創設航空計劃擬在哈爾濱設航空司令部，並在滿洲里，愛琿，同江，綏芬等處建飛機場，此外復勘定建設國防電台計劃如下：

一、吉林省延吉密山綏芬同江濱江
二、江省滿洲里興安嶺奇乾愛琿

三、靖安遊擊隊

本年一月間日本關東軍部委日人和田勁，遠藤清一郎二人，分赴各縣招募軍隊，編為「靖安遊擊隊」迨偽國成立後，關東車部令偽國接收，但仍由日人率領之，全隊約二千人，其編制及日籍軍官如下：

大隊長／和田勁、遠藤清一郎
參謀長／宮本新
第一隊長／中野維三、翟希援

第二隊長／山下常吉、張世安
第三隊長／塚本義一、朱廣喜
砲兵隊長／三原盧三郎
重機槍隊長／橫見直治、范希九
迫擊砲隊長／趙牧
軍醫／藪岡秀太郎
顧問／齋藤雄治
同／吉村秀吉
總指導／花日中佐
聯絡員／遠藤清一郎

偽國陸海軍條例

第一條、陸海軍任國內之治安並邊境及江海之警備。
第二條、陸海軍歸執政統帥。
第三條、執政畫定警備司令官擔任之區域使其指揮所受之軍隊當該地域之治安。
第四條、執政畫定艦隊司令官擔任水域使其指揮所要之艦隊任當該水域之警備。
第五條、警備司令官以陸軍上中將充之直隸於執政。

第六條、艦隊司令官以海軍將官充之直隸於執政。

第七條、警備司令官之責任須於擔任區域內隨時密察情形掃除不逞以保域內。

第八條、警備司令官當鄰接警備司令官有緊急時得派遣所要之兵力若事而迫急不得俟其請求時須自行負責得派遣所要之兵力但於前項之際須從速報告於軍政部總長並得通報於鄰接警備司令官。

第九條、警備司令官為維持治安使用兵力之時限其期間內得指揮當該地方之縣警察隊。

第十條、艦隊司令官之責任須時時巡邏其擔任區域並有警備其水域保護漁業船及監察密漁之任務。

第十一條、警備司令官及艦隊司令官關於軍政及用兵須受軍政部總長之區處。

第八章　日本官吏之醜態

第一節　賄賂公行

在偽國未成立前，日本對於佔領各級機關，均先後設置日人顧問，諮議，而此偌大一批之日本職員，均為關東軍部及滿鐵會社之下級職員及浪人，今一躍而為顧問，諮議，得意之餘，不免忘形，氣勢凌人，吞摟侵佔，賄賂公行，尤以交通及財政機關為甚，因此「爆發戶」之日人，一時大有人在，上述不過為一般無賴之日人小試其技，而最為驚人者，厥為偽國務院總務長官駒井德三，日軍部以其策劃偽國有功，為酬勞計，特委以此缺，惜駒井係學農業出身，不諳政治，上台以來，除操縱一切外，即大事侵吞，所謂「滿洲國」長官，尤且如此，其他各日籍官吏之侵吞舞弊更不待言，茲將駒井德三，侵吞大宗現款之證據，搜列於左：

國務院公函第五號

逕啟者，茲送上本院發致吉林省長訓令第十五號抄底一件，即希

貴號將政府所借款額現大洋二百萬元作為國務院總務長官長存款為荷。

此致
吉林永衡官銀號總辦
大同元年四月二十六日

國務院公函第六號

逕啟者，茲送上本院發致奉天省長訓令第十六號抄底一件，即希
貴號將政府所借款額現大洋五十萬元作為國務院總務長官存款。
此致
東三省官銀號總辦
大同元年四月二十六日

國務院公函第八號

逕啟者茲欲在
貴號存款按活期存款方法以駒井長官之名義處理相應函達
貴號希即
查照為荷
此致

永衡官銀號

國務院總務廳公函

逕啟者，茲送上本院發致奉天省長訓令第三四號抄底一件，即希

貴號將所借款額現大洋二百萬元匯送

貴號長春分號記入國務院總務長官存款賬為荷。

此致

東三省官銀號總辦

國務院總務廳總務長官

大同元年六月十七日

第二節　互相傾軋

九一八事件之發生，日本軍人實為積極侵佔滿蒙之主動者，因此佔領後，日軍部急欲伸張其勢力，以與滿鐵會社相抗衡，舉凡一切用人行政，均惟日軍部之馬首是瞻，滿鐵方面本擬與日軍部平分秋色，而卒未能償其素願，至於關東廳及日本總領事館，均無從染指，日本獲得滿蒙之經濟特權，一向為資本家操縱之滿鐵會社所把持，日本國內一般農工，從未獲得在滿蒙之特殊利益，抱不滿意之態度為期已久，故此次日軍進佔東北後，日軍部首先高唱移民，以迎合日本國內一般民眾之心理，同時力為排除滿

鐵會社在東北之勢力，即以日軍部任駒井德三為偽國長官及反對梶原繼任滿鐵總裁二事，則可證明日本軍部獨攬偽國政權，操縱滿蒙經濟，因此滿鐵方面對於日軍部少壯派益感不滿，暗鬥日烈，待本年五月間偽國總務長官駒井德三忽然辭職，為日軍部與滿鐵互相傾軋之暴露，當時對於駒井拂袖而去之原因，人言紛紛，莫衷一是，滿鐵側以偽國總務長官，地位重要，事關日本在東北之前途，由駒井任之，殊非得人，而日軍部便於指揮計，以駒井為宜，但對於駒井執行不力之處，亦有不滿之表示，關東軍司令官本莊繁，於北上督師道出長春時，目睹偽國日本官吏，除營私舞弊，溺於花街柳巷外，對於完成日本併吞東北之計劃，未能及其所期，本莊繁大為不滿，不特對於一般日本官吏嚴詞誥誡，更召偽總務長官駒井大加申斥，略謂「滿洲國之成立為日人煞費苦心之結晶，日人當如何勵精圖治，以當此大事，不意本司令官視察新京（長春）後，大失所望，似此不能邁進之情形，總務長官不能辭其咎也」等語，駒井被斥後，啞口無言，自知上不能滿本莊之慾望，而下受群僚之攻擊，恐不能久安於位，遂憤而去職，後經挽留，始告一段落，但日本國內少壯派，及在東北之日本「青年同盟會」仍跋扈非常，排除異己，更組織在鄉軍人移民先鋒隊，以伸張日軍部之勢力，布滿於東北，藉達其軍人侵略之一貫政策，此外日軍部與滿鐵方面復利用叛逆集團為互爭之工具，日軍部以豢養多年之趙欣伯為傀儡，滿鐵利用丁鑑脩為招牌，故丁趙一時不相上下！而叛逆集團中，又各自勾心鬥角，阿諛獻媚，以取悅於日人，待偽國成立，鄭逆孝胥佐溥儀粉飾登場，同時有少數無聊之留日學生，因「近水樓台」之故，亦大形活動，而日軍部復令土肥原拉攏某派之黨羽，如鮑觀澄，闞鐸，劉恩格等助紂為虐，偽國總理鄭孝胥因係閩人，閩派亦趁時蹶起，為陞官發財計，亦不惜卑躬折節，搖尾乞憐，綜上所述，日本自身之互相傾軋尤以為未足，復利用叛逆等為爪牙，偽國內幕之混亂於此可見一般矣。

第九章　各方對偽國之態度

第一節　歐美人士之論見

九一八事件發生，歐美各國由政府以至於人民，均為震駭，迨三月九日偽滿洲國成立歐美人士更為之咋舌，對於日人之操縱偽國玩弄傀儡歐美人士知之更詳，雖各國政府一時未便有何表示，更不願輕有所言，但事實昭然若揭，不容置辯，雖然如此，英外長西門屢次在英下院對偽國有所聲述及質問，最近如偽國郵政，關稅等向列國之請求及通告，均未予承認，即可證明，茲將歐美人士及各國政府對偽國之聲明及輿論分誌如後：

美國不承認滿洲組織

【《大公報》，三月十九日】

（紐約十七日路透電），關於滿洲國要求各國承認事，紐約泰晤士報華盛頓訪員稱，關於此事，美國仍注意保障中國領土主權完整之《九國公約》，滿洲為中國之一部分，美國向即承認之，若任何《九國條約》簽約國有承認該滿洲國之傾向時，美國必嚴重喚起彼等對於《九國條約》之責任，若日本有承認該國之表示美國亦將為同樣之舉動。

（華盛頓二月十九日電），官方對行將成立之滿洲政府，不欲有所批評，據消息靈通者言，美國決不與承認，良以美國事前有照會與日本，謂各國武力所造成之形勢或締結之條約，美國決不承認其為合法也。

英下院討論遠東問題

【《大公報》，三月二十四日】

（倫敦三月二十二日路透電），二十二日下議院會議，對於偽國問題亦有所討論，關於日本在東三省設立新政府事，雖然在原則上，似可謂新政府係日本所設立，但無論何人，在未調查明瞭及未經關係方面否認以前，不能即下斷語，且日本政府曾已聲明，彼與各國之態度相同，亦無承認新政府之意，現日本既否認彼所設立之政府，則彼（西門）亦不願加以論斷，故此類能影響一方面之消息，吾人在未調查明瞭以前，不應遽認為確實，即須俟國聯調查國提出報告後，始能決定，現時無論何國，皆不能承認在如此環境下成立之新政府。

英國工黨在野派首領朗斯勃萊氏lansbury「歐美應立刻覺悟，須知在中試既發之火，若不從早撲滅，必使全世界共同陷於萬劫不復之境，萬毀壞現代之文明，因此余願以英國及世界勞働界代表之名義，敦足各國勞工，採取緊急之手段，各自作促其本國政府，與日本斷絕經濟關係，藉以制裁其對華之暴行，彼既簽訂國聯盟約，自當履行其條約的義務，該國亦曾訂《非戰公約》及《九國條約》，則於中國之土地完整，實不容有所侵犯也。」

德報之論偽國

【《大公報》，三月二十四日】

柏林二月十九日電，此地報紙對於滿洲共和國之宣言，一般甚為注意，論財亦多，共和國之宣言指示日本，以「既成事實」公布世界之政治成功，報紙又謂政治方面集中問題，希蘇俄對最近之發展能有反應。

蘇俄政府不承認偽國

【《大公報》，三月十二日】

（南京十一日下午七時專電），今晨外部據報蘇俄政府已正式不承認新建之滿洲獨立國。

波蘭國正式否承認偽國

（上海六月二十九日專電），據駐滬波蘭代辦魏登濤云，外傳波蘭將承認偽國此事完全不確，並擬即向外交部通知作正式否認。

路透社記者鄭重聲言

偽執政於三月九日就傀儡職時，路透記者，某西人特前往觀禮，並將其所見，作以下鄭重之聲言，公布於中外。

「路透社者記鄭重聲言，關於「滿洲國」政府成立典禮事宜，均為日本軍部所包辦，甚至新聞記者入場證，亦有「關東軍司令部」字樣，入門徽章亦係該部所發，關於閱兵及其他一且行動，本莊受禮與滬儀相河，亦可注意，此次典禮似令人民明瞭溥儀雖為注意集中點，而本莊則又居其上」（路透三月十五日北平發電）。

上海某西報對於日本之玩弄傀儡溥儀特作社論闢之；譯之如後，「異哉第二步計劃成立滿洲國」

厥後本莊繁氏遂下定決心成立一新政府，而以一度沖齡踐位之溥儀氏主政，溯自溥氏被挾與俱，置之旅順砲台中，待時而用，至今日而遂躊躇滿志矣，溥氏執政定長春為新都，長春者南滿鐵路與中東鐵路之會合點也，雖然溥氏就職以來，聒絮於吾人耳鼓者，不曰身為傀儡，則曰反動潛孽，其處境之艱概可想見，即日人之政府消息機關，曰聯合通訊社者，日昨猶以「馬賊」三千騷擾及於距長春三十里之城鎮間，其形勢之嚴重，可想而知，北滿滿布反動，更無論矣，即瀋陽附郭，「鬍匪」之騷擾，破壞交通，焚毀橋樑，亦日有所聞，是南滿沿線之治安，亦岌岌堪虞也，至若中東沿線，以及濱江而迄中俄接壤一段，其境象更不堪言，故本莊有請調「皇軍」三師，常川駐滿之奏，觀此則長春因日在四面楚歌中，滿洲國固不能離開日本協助而存在，即得日本贊助，亦決不能長治久安，是不待蓍龜而後決者耳。

美報責日摧殘公約

【華北，九月十八日】

美國務院今日宣明，美國對請求承認滿洲國事，決與不理，日本雖處處表示在滿洲國境內門戶開放可繼續維持，而美官方已表示決不能放鬆美國對日本在遠東地位反抗之態度，國務院表示，不理承認偽滿洲國之請求時，又宣明在國聯反日期間，美國自當繼續與之合作，美國現無與日本一致相偕承認長春政府之模樣。

中國駐美公使館，今日燃放以遠東中日事件為中心之新外交戰爭中之第一砲，緣該使館已將中國政府致美國謂日本違犯《九國公約》之照會，正式送達美國務院矣，同時日本駐此之大使館，亦謹慎觀望美國對於滿洲國承認及中國照會之反響，然日使館並未將日滿條約正文，送交美政府，更未向美政府申說一週來遠東事情之經過，日使館人員，現正仔細研究美國對遠東事變之反響，並視日內瓦為國際政治次一步展開之中心，此間希望李頓一行，可於本月底向國聯呈交其報告，公布時期，當在十月十日以後，《華府明星報》（政府之口舌）今日社論宣稱，美政府多半取觀望遠東事變之態度，而不取強制之態度，美國對中日及滿洲國三方面間之地位，被該報表示極明晰，《華盛頓報》宣布，傀儡政府在長春之設立，自日本正式承認後，已變成日本國境外之醜劇場矣，《紐約晚報》對滿洲一週來之事變，極盡侮蔑之能事，《紐約世界電報》直謂日本，確已將《九國公約》摧殘矣，該報對日本之批評。極形尖酷，並以各國未能採取阻止日本侵略中國領土之辦法，深引為遺憾，該報確信歐洲列強並曾援助，至少暗中贊成東京政府所取之道路。

英報責日破壞國際秩序

【華北，九月十八日】

《滿切斯特導報》社論，首稱日政府對於滿洲國之產生，應負完完全責任，續謂國聯及其他列強，對日本之暴行，如採放任態度，則國聯威權，將完全掃地矣，日本之行為，已使和平解決之可能，感受威嚇，歐洲各國多屬驚弓之鳥，而不願發生糾紛，全世界視線；集中日內瓦，然而對於侵略之國家，究將採取何種制裁手段，仍在不可知之數，該報末問國聯之在歐洲，究能運用何種道德上之威權，而對於弱國之扶持，究有多大力量，在李頓報告書發表以前，國聯即應有所動作，國聯如能仗義執言，再有美國在後幫忙，日本終當放棄其承認滿洲國之舉動，而顧慮其先簽訂之條約矣。

《倫敦經濟報》社論，（上略）謂「那些東京的丘八，實無須繁雜之批評，只言彼輩顯然違法之野心，各國實不應容許其完成可耳，日本今日在滿洲儘量為所欲為，自日本軍部將中國行政機關推翻後，中國東三省，已陷入無政府狀態中，其混亂今且日甚一日。」泰晤士報著論云，其他列強，未必步武日本而承認滿洲國，該報指陳，所有日本在滿經條約所允許之企業各項利益，其向被中國官吏所施詭計常常爭論剝奪者，今由該議定書獲得保障矣。

《滿乞斯德導報》云，姑將日本所出之遁辭於不論，日本業將中國有生命之身體，割去一塊，日本乃假暴力以取得之，雖實為戰爭，而日本則不肯稱之為戰爭，是則將中日條約破壞無餘矣，彼之行動，乃對於整個的國際秩序，予一打擊。（下略）

法報咸認日無理由

【華北，九月十八日】

法國《儒拉爾報》宣稱，日本既在滿洲獲得其確定不移之權益，即不當再取並不能改善遠東形勢之態度。（下略）

《歐維爾報》表示意見云，日本此次承認滿洲國，實形成對美國與蘇俄之脅迫，並破壞《九國公約》，而或須引起嚴重結果。（下略）

《民眾報》發表意見云，此種議定書，殆與軍事合併，僅隔一層薄幕，（下略）

《辯論報》指陳滿洲國之建立，確係日本一手造成。（下略）

德報痛揭日本陰謀

【華北，九月十八日】

德國民主黨報紙《波森快報》，批評中對日本之立足點，極盡譏譃之能事，該論謂「日本征伐政策成功之秘訣，為日本能在滿洲，較中國本部更能保證更有力的更過步的發展，蓋中國本部，則其餘之帝國主義列強，保有霸權之地域也」，該報結論謂，「日本欲硬使各國承認滿洲國之建立，為一既定之事實，此種立足點，除用超越的殘酷之武力外，實無他物能克服之。」（下略）

《沃洗池報》社論，題為〈滿洲——日本之附屬國〉，謂滿洲之獨立，事實上乃自借日本血刃之後助成立新政府。（中略）

日本利用滿洲國之地位，建立清算中日懸案軍事行動之基礎，日本則在背後指揮一「中滿戰爭」之進行，將來日軍侵入長江流域時，日內瓦及華盛頓，必悔之晚矣，緣滿洲國對各廢戰之條約，皆不承認，而各約遂遭致命之崩決也。

英報論中日關係

【《大公報》，九月十六日】

英文《泰晤士報》論日前《倫敦觀察報》所載國聯調查團報告書所提之解決方法，推測中日關係之其他途徑，頗足代表英人一種觀察，於譯述其大意於次。（上略）

日本用其一年來對滿之手段，施之於中國本部，在此項推測，不能實行，如果行之，將貽莫大禍患，在中國意見紛歧與被動之情形下，日本為目前之惟一積極因素，日本對此情勢，竟正式承認「滿洲國」之舉，此事在中國是否將引起與上海「五卅」事件，相同之情形，尚未可知，中國政府為自存計，無疑將設法維持秩序。（下略）

德報正論

【華北，八月二十三日】

德國《國民社會黨機關報》宣稱，「日本之承認滿洲國，不啻進攻國際聯盟」，該報指陳「所謂滿洲政府，固未具備獨立國家之一切必要條件，滿洲原為中國領土之一部，此次與中國分離，事前既未徑國民投票手續，故所謂滿洲政府，絕無單獨維持滿洲治安之能力，滿洲處於日俄兩大國之間，無論政治上與經濟上，均受日俄兩國之巨大影響，任何之獨立政府，均無永久存在之可能，故滿洲國之成立，將為一切國際糾紛之亂源，固非過甚之言也。

第二節 國人否認之一般

胡適等電國聯秘書長揭破日人對滿陰謀書

三月二十三日胡適等電日內瓦國聯秘書長德留蒙氏，揭破日人宣傳偽滿洲國真相，電文譯誌如下：

吾人抗議日方不斷宣傳，稱所謂偽滿洲國係代表滿洲人民之自決，南滿洲人民極大多數均為漢人，偽國名義上之領袖溥儀，以前從未至滿，凡參加此項組織者，均為性質可疑之以前官僚與軍閥，受恫嚇與賄賂之脅迫，成為日人之傀儡，偽行政院係受日人駒井操縱，每部均聘有日本顧問，自偽國成立以來，各地美勇軍戰事愈益增加，以日方之傀儡視作中國人民之代表，不僅為一種損害，且為侮辱，希望國聯調查團能不受日人及其傀儡之干涉或操縱，使用獨立方法，以證明中國人民之真正志願，幸甚。

胡適，丁文江，翁文灝，傅斯年，陶履恭，任鴻雋，李濟

鬪偽「國」

【《大公報》，一月十六日社論】

據昨日日本新聯社電說，所謂「滿蒙新國家」將於二月十一日成立，此怪聞也，日本對於中國東三省，向來有一傳統政策，即割裂中國，使東北地方，隔絕於中樞勢力之外，以便其操縱榨取，張作霖時代如此，張學良之所以受日本之忌恨者，亦多由易旗統一而起，九一八以後，日本鐵騎縱橫，蹂躪三省，其念念不忘者，不外「建立新政權」，特其形式與方法，久未決定，大批軍人頗有主強擁立清帝，別成偽邦者，文治派則認為用聯省自治，先將三省集合，漸進而創造共和政治之偽中央，較為易辦，因彼方意見，迄未一致，故溥儀雖被迫離津，仍然幽居旅順，而聯省自治之旗幟，亦久久未樹，自遼西淪陷，關外幾無淨土，徘徊觀望之張景惠，卒宣布主持黑龍江省政，馬占山窮蹙一隅，前途愈益黯淡，日本偽造東北析政權運動，至是進行更猛，前日板垣大佐代表本莊繁回國，特被日皇召見，據其語人，已認滿業偽國，不容再緩，芳澤新外相，自歐回國，公開表示，亦堅主「獨立新政權」，俾將所謂「既定權益」，待獨立國成立之際，結為條約，達到其「坐待合法收穫」之大目的，茲據新聯社電，該偽國仍採共和總統制度，一方面則盛傳溥儀行將登台，要之此一幕怪劇，終須開演，而日人實居編劇導演之役，其對人宣傳，動輒

曰，滿蒙本非中國領土，前滿鐵副總裁松岡洋石，近著一論文，竟謂滿洲乃清室私產，不能認是中國土，地其荒謬有如此者，或稱滿蒙民眾，自願脫離中國，依民族自決之原則，日本不能干涉，他國亦不應置喚，其說極謬，不容不辯，今請就民族自決與建立新國兩點，辭而闢之。

按民族自決之說，發源於由單一民族，構成單一國家之要求，或則為一個民族或一個國家，從外國支配下，要求解放，自十九世紀中葉以後，此種「民族自決」主義，於政治的意義之外，更盛行法律的承認之運動，歐戰中間，此種呼聲甚高，威爾遜至列為改造世界綱領之一，其後對德奧和約，承認提克之俄國，波蘭之復治，皆以此項原則，為其指導精神，惟現行國際法，於國家構成之原理上，除有二三明定之條約外，對於所謂「民族自決」主義，實際並未予以一般的承認，所以然者，因有兩重危險，（一）依此原則易令小國叢生，破壞國際的法律生活之安定，（二）屬於同一民族之諸國家，依結合於同一國家之名義下，易使諸大國，陷於帝國主義的併合之傾向，亦足以威脅國際間之平和與秩序，因此之故，民族自決主義，並非國際法上公認之通則，藉曰然也任何民族，斷無甘居滅亡，故不特朝鮮必當獨立，琉球台灣，亦不應為日本所有，此外則印度應行建國，菲律濱不當隸美，此又論理一貫者也，試問實際則如何，此自法理言之也，更自事實言，東三省從前雖係清遼金元舊地，近代實經漢族開闢，古代世族，悠遠莫考，今日三千萬民眾者，滿人不過占十分之一耳，果稱民族自決而謂此勝胼手胝足曾經努方開闢地方之二三千萬漢族，忽欲脫離中國，有是理乎，如曰滿蒙本非中國土地，不應為中國所有，則日本蝦夷，固為日本最初之主人翁，今日若請大和民旅，讓蝦夷收回故域，試問於事理可行乎，夫東三省為中國領土，有三百餘年歷史，五族共和，乃中華民國之立國基礎，此際必欲割裂之使另立一國，此在民族意識上乃不可能之事實也。

再次請言「建立新國」，凡為一個國家，必具基本權利，曰，獨立權，曰，自衛權，曰，生存權，皆國家存在上，通常不可或缺者也，獨立權者，國家無論對內對外，皆有自由行動之權利，內部之獨立權，須自選其所欲之政體，具其必要之軍備，在其領土之內及對其所屬人民，凡立法司法行政，皆須不受任何國家之損害，其對外之獨立，則為派遣使節，締結條約，以及其他自認為適當之外交關係的處理，自衛權則軍隊警察，自由設置，隨時執行其捍衛國家國民利益之舉動，生存權則為國家自己之生存維持或發展生活上有充分之行動自由，苟不如此，不得為國家，今日東三省，在日軍佔領之下，三千萬民眾，皆俘虜耳，書信無自由，言論無自由，結社集會無自由，不待論已，地畝為人霸佔，礦權經人侵奪，無軍隊，無察警，地方政廳，且有日本顧問，各縣自治，須受日人指導，所謂獨立權，自衛權，生存權，無片影之存在，如此而曰「偽國」，只不過在成立之後，簽定各項賣國合同，敬謹替人辦到「合法收穫」而已，狡哉日人，既已強奪於前，猶欲巧取於後，此固亡「韓」之故技耳，然抑何殘酷狠毒，夫以弱敵強，寧可聽其強奪，不可與之為無恥的勾串，今日東北民眾，果無力抗拒強權，則聽其蹂躪，忍耐時時可耳，為虎作倀，賣國賣鄉，此乃人道之大惡，民族之奇恥，世豈有俘虜之身，而可以「建國」，大盜之行，而可言仁義也哉。（下略）

東三省偽國之宣布

【《大公報》，三月九日社論】

所謂滿洲偽國，竟將於今日發表，全國國民，應刻刻不忘日本對戰之大侵略大打擊決心準備，還我河山，救我三千萬同胞，國家者，人類政治組織進化中之一過程而已，其中並不含神祕意味，苟為人類大群之自由意志，則分之合之，變國體，改政體，自究極的言之，皆無足驚，雖然，滿洲偽國，則絕不足以語此也，國家之第一要素，為有統治權，偽國則絕無，溥儀諸人，全為不自由之傀儡而已，今日東三省之官民，為完全剝去政治的權能之俘虜大群，日人命其飾某角，命其演某劇，則要某劇，而且授之以劇詞，挾之以歌舞，演此既無半點自由，而一般民眾，則負有絕對喝采叫好之義務，苟有反對，刑戮隨之矣，此猶得謂為新國家，為獨立乎，大四萬萬中國人現之決心，固斷不許寸土尺地之分離，然吾人退百步言，假令分離運動，出於人民，溥儀偽府，自具政權插，則吾人猶將審查其動機，而主張不可概繩之以法，然無奈偽國性質，全為日本製造，偽府本身，並警察權亦無之，所謂要人者，即起居言動之間，皆受監視而無自由，一般人民可知，國家為政治的高等組織，而偽國本身，乃非政治的，偽府諸人，為直接奴隸，我三千萬同胞，則在兩重奴隸之境遇，直接受偽府命，間接則受日本命，此偽國之真相，所以拯救東北同胞之不容緩也。

且日本實際併吞東三省之後，中國全國感受直接的危脅，雖欲忍痛苟安而不可得，蓋今之偽國，無絲毫自主之權，尤以關於軍事上為甚，日本於東三省一切權利，將任意取攜。已不必論，且軍事上有絕對的支配權，從此自由設施，一如朝鮮，是從前中日國境為鴨綠江，此後國境將一變而至長城，中國全國從此更完全陷日本武力威脅之下，其禍甚急，雖欲須臾放任而不可能矣。

日本之宣布偽國，為甘心陷中日關係於無可挽回之絕地，中國國民處此，既知日本決心，應發嚴重覺悟，蓋其事關係中國整個的生命，而已非口舌文書所能爭，且彼既決心矣，則尋常伎倆，斷不足以動之，無論中國自願與否，從此事實上已開長期鬥爭之序幕，中國民族能否立國大地，全視今後有無方法收回東三省，銷滅日本外患，其能則興，不能則亡，然則收回之道若何，曰，夫外交不能收回，則收回必賴武力，然此大事也，其性質，非如守閘北之簡單，今日者，世界輿論，同情在我，侵犯條約，其曲在彼，世界無不否認日本之行為，而奮鬥則須賴中國之自身，中國對日，外交上已無路，因日本已塞之，國民須刻刻刻切記，一大鬥爭早在進行中，今日偽國之宣布，乃日本計劃最猛烈之一段，中國今日，遭此嚴重打擊，既已明其性質，且亦見其決心，則從此無他語，惟有全國一切有形無形之勢力，整個團結，勿餒勿稱，亦慎亦勇，尤要者，為政府能集中全國情神的物質的力量，而全國軍隊絕對聽命於政府，共同決心為長期的奮鬥，實行最善的攻略軍略，不達不止。

日本承認偽國的影響

【天津《益世報》，九月十二日社論】

承認偽國這幕醜戲，在日本方面，做得有聲有色，其實我們從法律上，從事實上仔細考慮一下，覺得這種舉動，所能發生的影響，極其有限。我們如今且把這件事所能發生的影響，分析如下：

第一，對國際的影響。在日本人看來，承認偽國以後，前此的中日問題，自今以後，可以變成日滿問題。今後關於滿洲問題，日本可以否認中國為主人翁，日本一切可以向一手製造的偽國交涉。其實在國際法上絕不如此的簡單。日本應認清，地球上有幾十個國家林立，並不止中國日本與所謂的偽國而已。日本承認偽國，世界其餘各國對偽國不加以承認，日本這種獨腳戲，並不能有多大的影響。日本承認偽國在日本人的眼光中，滿洲固然不是中國的滿洲，然而在其他未承認滿洲偽國的一切國家的眼光中，滿洲依然是中國的滿洲。承認偽國這件事影響的大小，就看世界有否繼日本而起的承認偽國的國家。日本果能一唱百和，偽國在國際上取得國家資格，這事自然有相當意義。倘日本自打自唱，絕無和應，則承認偽國一舉，除增加國際上法律的爭點外，絕無他項意義。以現在情形而論，美國曾一再聲明，絕對不承認日本違犯《九國條約》及《非戰公約》所造成的一切事實。如此，日本承認的滿洲國，在美國人眼中，依然是中國的領土。從此以後，在滿洲方面，法律上日美就站在衝突的地位。美國如是，其他強國的情形，實亦如是。國聯調查團委員長李頓亦曾發表談話，說調查團並不承認日本承認偽國這種事實。若然，則英法德意及國聯其他會員，不至承認偽國，又為必然事實。若然，在英法德意及國聯其他會員國眼光中，滿洲依然為中國的領土。在滿洲方面，法律上日本與其他世界各國，都站在衝突地位，國聯開會時候，日本儘可說世界有所謂滿洲國，國聯其他會員，儘可說：「我們並未承認滿洲國，在我們承認偽國以前，我們在法律上只能認滿洲為中國領土。」很明顯的，這是一個衝突。這衝突將來怎樣解決，我們不知道。據我們所推測，必非日本意想中那麼容易。這點，日本不可樂觀太早。

日本在他們的報紙上，發表準備駁覆他國抗議的意見，引一七七八年法國承認美國的往事為例，又引美國承認南美洲拉丁各國的往事為例。其實這些往事，與今日的滿洲問題，風馬牛不相及。法國承認美國獨立，抗議的只是英國。當日世界其他各國並不認美洲獨立國為法國偽造的傀儡國。美國承認南美拉丁各小國，西班牙雖抗議，然第三者並不認拉丁各小國為美國製造的傀儡國，倘美洲獨立，只有法國的承認，南美的小國，只有美國承認，這種國家亦不能成其為國家。滿洲偽國不能與這些往事相提並論。日本承認偽國以後，世界各國必繼起無人，世界各國且早己先後聲明否認這種違法所造成的事實，這種法律上的衝突，我們且拭目以看日本的善後。日本儘可冒大不韙，違犯《九國公約》，其餘公約簽字國，不願毀法，則公約依然存在。公約存在，其餘簽字國即不至承認偽國。日本儘可把日滿條約做件寶貝，其他強國，拿《九國公約》做件寶貝。這種法律上的衝突，或者就是世界大衝突的導火線。我們且看日本何以善其後。

第二，與中國的影響。公開的說，今日中國解決滿洲問題，只能靠力，不能靠法。事實排在這裡，今日佔據東北三省的人，不是溥儀，不是鄭孝胥謝介石，是日本。無論有沒有滿洲偽國這假招牌，無論有沒有日滿防守同盟這種偽約，中國的對手，總是日本。我們認清了這種事實，在解決滿洲問題上，日本承認偽國與否，並無絲毫分別。再澈底說些；中國果欲收回東北三省，中日的一次戰爭是不可避免的。誠然如此，中國有力量收回失地，日本承認偽國，進一步日本就割據滿洲，日本這種步驟於事實無害，中國依然可以收回失地。中國果沒有力量收回失地，日本就沒有此一番承認偽國的手續，滿洲畢竟歸日本。承認與不承認偽國，在中國方面，問題的性質，並無變更。

從國際方面，從中國方面看來，日本昨日承認偽國一舉，並沒有多大影響，問題的形式或變了，問題的真實性質並沒有變更。承認偽國一舉，只表示日本人善於作偽，善於搗鬼，只表示日本人膽大心橫，敢在光天白日之下，作偽搗鬼。我們且看。日滿偽約簽字的時候，一方面是武藤小磯，對坐的是大橋駒井。這種白晝攫金，見金不見人的行為，只有日本人敢幹。只有日本人幹得有聲有色。人世間竟有這般無羞恥的舉動，世界嘆觀止矣。日本承認偽國一舉，果有影響，影響就在此。

《九國條約》中嘗有「中國之主權獨立領土完全。」「不得在中國創設勢力範圍。」及「中國鐵路不得有不公平待遇」等之規定。在《非戰公約》中有「不得以戰爭為貫徹國策之手段」之規定。再在國聯盟約之中有「服從公斷及裁決者。不得對之訴諸戰爭」之規定。揆之於日本過去之事實。及此次對偽國將訂立之基本條約。無一非背於條約之精神。及曩日日本「無領土野心」之約言。乃今日內田於議會中作外交方針演說時，聲言日本之出兵東北為不遠反《非戰公約》。而反狡言為忍無可忍下之爆發。同時更揚言滿洲偽國之承認與《九國條約》不相衝突。而反以為九條約不能禁止中國一地方住民之發意而成立一獨立國。故今日日本之承認滿洲偽國。不與《九國條約》細牴觸云云。誠所謂事實為事實。雄辯為雄辯。誰能信其為言行之相符。吾人猶憶在國聯特別大會決議案中。有「蹂躪聯合會領土之完整及變更其政治之獨立之舉動，聯合會各會員。均不能認為有效」之句。且決議案中並聲明違反聯合會盟約及巴黎公約之方法。所取得之地位條約或協定。聯合會會員均不能承認之。是以日人之狡言拙計。早已為世界人士所共鑑矣。（後略）

日人將正式承認偽國

【《申報》，八月二十六日】

近據路透東京通訊，謂日人將於九月十八日瀋變週年紀念之日，正式予滿洲偽國以承認，並將與偽國訂立基本條約，其約稿並將送交國聯秘書處登記，該約之內容，約為（一）滿洲偽國國防交日本全權處理，（二）滿洲各鐵路之經營，概歸南滿鐵道辦理，（三）滿洲偽國應承繼前由中國簽訂之各項條約，（四）所有日本在滿洲之權利，應儘量訂入條約之內，（五）凡現為滿洲偽國官吏之日人，皆予以妥實之保障，（六）日人在滿洲應有放行居住及經商之自由等數條，此次武藤使滿時，並聞內田已將該約要點指示武藤矣。

九一八事變以後，我國即以解決之責任，委之於國際聯盟，而根據《九國條約》，非戰條約以求和平之處理，然而周年以還，彼侵略者不唯無若干翻然悔悟之意，且更變本加厲，一面積極以槍砲侵略，一面又手製滿洲偽國，以飾人耳目，同時更揚言日本無領土之野心與《九國條約》之尊重。

論日政府承認偽組織

【《申報》，九月十二日】

（前略）然而日人如此承認偽組織，美與列強將如何應付吾人姑且不問，日本如此破壞國聯會章，蔑視《九國公約》《非戰公約》及一切國際公法，將於世界發生若何重大之影響，自為世界各國所共同承受，世界各國果重視此種影響，而認為足以障害和平者，自必急籌所以共同有效之制裁，而初非一國之事也，若我國者，關係非他國比，惟有一致誓死否認日人所將承認之偽組織，夫滿洲偽組織之釀成，孰不知為日人一手所包辦，而可諉為滿洲之民族自決，與地方領袖分離運動之結果乎，所謂偽組織之新國家者，於其新國家之形體，絲毫未備，近且徧地義軍，偽組織搖搖欲墮，此種情形，新國成立之要素何在，而可諉為不悖乎承認之條件乎，偽組織宣布而後，我國雖未加以討伐，然固猶是中國領土之一部，東三省固猶未脫離其母國，於此而承認之，非被壞我領土之完整乎，國際間之通例，所謂承認新國家者，即承認其為國際團體新進之一員，必各國都能承認，而後成為國家，若僅一國悍然承認，於偽組織又奚益乎，然則日本承認之理由安在，其所託詞，為建設中外安全之樂土，為保障和平解決事實上之糾紛，此皆為其對各國之門面語，而其實在之理由，則不外滿洲為日人之生命線一語而已，然亦思滿洲獨非吾國之生命線乎，日人圖毀滅人之生命，以自保其生命，而謂吾國人，甘心拋棄自己之生命，以鞏固人之生命乎，吾國人而果自知生命之危險，則今日惟有齊心一致，以反抗日本偽組織之承認，據東京電訊，蔣公使為日政府將承認滿洲偽組織，往訪荒木內田，交換意見，荒木謂中國對日政策，今後改善局勢之唯一途徑，在中國人忘卻東三省及上海事件之前事，採行更友好之政策，內田亦謂中日之親善，應與滿洲國問題，另行考慮，滿洲國問題，係滿洲事變中別個發展，中日均應從新立腳地討論，可見陸外二相，早已置滿洲問題於不論不議之列，而陸相並希望我國人亦將滿洲問題，置於度外而忘之，嗚呼，吾國人縱無心肝，能忘卻此慘酷巨變之痛耶，日本非根本上變更其已定之方針，則日政府縱有何種極良好之政策，我政府縱有何種遷就之好意，而欲使我國人忘此慘酷巨變，非特今日有所不能，竊恐將永不能忘耳，日果承認於此九一八紀念之時，則今日第一次開始九一八紀念，即增加一更可悲痛之紀念，而謂我國人能忘之耶，吾國人將僅此不忘而已耶。

行且夭折之滿洲偽國

【《北平晨報》，九月十四日】

（前略）第一，自滿洲內部言之。凡物之能自立能生長者，必其內部自成一體，而後有發榮滋長之可言，如樹木之勾萌茁達者，以其根木與枝葉固同條而共貫者也，民族之自成一國者，其治者與被治者，或為文人，或為軍人，必其聲氣相通而意思水乳者也。今之滿洲則如何？其為首領者曰執政溥儀，總理曰鄭孝胥，此二人何嘗於已往之歲月中，與滿洲之土地與人民稍有接觸乎？鄭孝胥猶可自附於溥儀輔弼之臣，以云臧式毅，張景惠或熙洽之流，平日與溥儀等，殆如南北極之不相謀，謂此等人可以沆瀣一氣，共謀國家之建設乎？至於三千萬滿洲人民，一部屬於義勇軍，尚在頑強抵抗之中，其能否驅除日軍，猶在未定之天，然其眷懷中華民國之心，決非滿洲所能鏟除。則偽國在根本上絕無成立之要素，固已顯然矣。如日本所舉滿洲人民具有反對軍閥暴政之決心，不知反對軍閥與自立國家之間，相去萬里之遙，不可相提並論者也。日人常言「中國士大夫只要有官做，便無事不可為。」偽國之所以造成者在此，偽國之所以易於滅亡者亦在此。

第二，自滿洲外部言之。日本誠有意於造成滿洲偽國，以確保東洋之平和，則有三大前提。第一，放棄關東租借地；第二，放棄滿洲駐兵權，第三，以南滿鐵道交還滿洲國。日本誠採以上方針，則滿洲即與中國分離，而日本之絕無野心，固可昭然大白於天下。今也不然，一則任武藤大將為關東司令，兼任全權大使，再則曰滿洲對內對外之治安委託於日本。世界豈有喪失軍權之國，而可名之曰獨立國哉？世界又豈有強人簽訂軍權移讓之條約，而可令人信其無領土的野心之指天誓日語哉？日人方以果斷敏捷自矜其半載以來對滿洲之手腕，不知其益陷滿洲於糾紛莫解之境，而招致世界之嫉視而已。（中略）

雖然，國人當知所以自勉矣。日人以九月十八日為滿洲獨立之紀念，願吾國人亦以白山黑水為念，猶德人之朝夕不忘其萊茵河。德人之言曰：「萊茵河當為德國河流，不當為德法間之界線。」以其愛萊茵河之深切，視為德國愛國心之象徵，乃以萊茵河歌為國歌矣。一八〇一年萊茵左岸割讓於法，及一八一五年之維也納會議中，萊茵下流復歸於德。及一八七〇年普法戰後以亞洛二省之恢復，而萊茵河果成為德國河流。國人之所以紀念白山黑水者，不當如是耶！不當如是耶！以滿洲人民與吾國關係之密，其內向之心，決不因日之暴力而消阻。重以其上自執政下至官吏，皆出於一時之雜湊而成，其終必有物歸原主之日，或且更易於美之南部之併於美與萊茵河之併於德。蓋今日之滿洲，固西人所謂以紙牌造成之堡壘而已。所以幸而成者，由於日本強力之保護，絕無內發之活力，此種國家能長久生存於天地之間乎！

北平報界關於「滿洲國」作成書面，請求調查團答覆，由李頓爵士答覆各項如左：（上略）

問：調查團對於滿洲偽國態度如河，偽國如若招待，是否接受？

答：現對滿洲偽國絕不承認，至其招待，受與不受尚不能定，即受其招待，亦不承認滿洲國。

在平滿蒙王公否認偽國

喀爾喀札薩克和碩親王那彥圖等九人否認偽國情形如下，據《大公報》載，各王公代表對日本九一八事變後，在東北挑撥漢滿蒙感情以及武力脅迫成立所謂滿洲國之事實，有詳盡之陳述，並表示對此項非法組織絕不承認。

濟南新聞界關於偽國成立敬告調查團書

萊頓先生暨調查團諸先生均鑒「東化三省背叛中國政府之組識，為中國之叛逆，為日本撥弄之傀儡，其目的在盜移中國在東北三省的統治權，以為滅亡朝鮮之再度翻演，中國人民除信華盛頓條約保障中國領土之完整規定，已包括東北三省在內，國際盟約亦有同等之法律保障與解釋，依此則貴團對東北三省之中國叛逆事件，應有核心之認識，以證明日本之強暴無既也。」

王造時等電上海各團體請堅持討伐偽國實行抵抗電文

（前略）汪精衛前已一再宣言，滿洲偽國成立，即立予討伐，此問當局亦面告造時等，祇須政府有命無不服從，今偽國已成立多日，而政府仍僅有一紙不承認之宣言，夫今日之事，所謂「長期抵抗」，所謂「討伐偽國」，豈能又以欺騙國民的態度出之，平津各團體已漸次成立，造時等不日南歸，仍望谷界堅持從來之主張務求合全國之力，抵抗到底，臨電不勝盼禱之至，王造時左舜生等叩。

旗籍軍民否認溥儀暨其宗室遺臣以滿族名義施行帝制宣言

滿族源出肅慎，唐虞之際已通中國，史載可考其來尚矣。方諸春秋列國，則秦楚吳越之與齊晉燕趙耳，此固漢族之支脈後裔初畛域之可分也。況所居均係中華國土屬於一體，更可證明中古以降則鮮卑東胡出沒於大河長江之間者，代有年所。雖與中土士夫屢生隔閡，亦以一二野者倔為雄長之所致，而旗籍平民何與焉，且以混亂逐移致滿漢融合相生相長，歷數千百年使其種族血液同化不復可分，由來已久。愛新覺羅氏統有八旗以臨中國，務為滿漢之別以固專制之基，利其相仇而流毒深矣。第考諸實際操統治之權者，純為愛新覺羅氏之宗族（即所謂滿清皇室也），旗籍平民亦被宰割、被剝削者也。伊考其始所謂八旗者，以西伯、蒙古、巴爾虎、索倫、伊車、滿洲尼堪外蘭、葉赫等部落及漢軍勃業遙台驛站諸人民組編而成，如編制師旅部署隊伍之義。然旗人之名蓋始於此，授以弓矢、教以騎射、揮之前驅，奮勇戰爭，終其身為一甲兵，僅得糧餉十串耳。尤須常守土籍，如越走百里，則以逃論，使我民眾困死非徒求智不易，即固有之堅毅武勇精神亦銷磨殆盡，良可痛心。然觀彼高爵厚祿者、秩列藩封者，無非貝子貝勒親王公侯世襲官階者，盡屬宗室親戚也，巍巍高踞，作福作威，驕奢淫佚，氣燄萬丈。馴至光緒維新，曾欲步躋立憲，竟被那拉及宗室所毀，足徵清室王公大臣冥頑固執腐惡已達極點。而對於旗兵則流為皂隸，飢寒疾死無人顧恤，迫於生計何暇上進，於是富者愈富貧者愈貧，貴者愈貴賤者愈賤，階級懸殊判若霄壤。夫身既為窮苦旗兵，復招同種之疾，視辛亥之際含冤而死者纍纍不可勝計。嗚呼！旗籍民眾殆徒負虛名而坐受實禍者也，隱痛於中，何由申訴民國肇造政府共和遜位之君，尚與優待信義和平，天下為公。旗籍人民咸登平等博愛之門，偕遊文明維新之域，二十年來從無生心向外、自求分解之事。此則几我旗籍平民真誠結合，可以昭告我舉國同胞無愧者，亦以數千百年婚姻相通、語言文字無不同化潤染融容，有以致之也。嗚呼！居安避危，斯為上策。欲求多福，勿自為孽。遜位溥浩然及其宗室咸宜如何安分守己、度其平民生活、共享共和幸福。不意近聞彼等受日本帝國主義者所誘惑，行將登極稱帝。似此昏狂愚該悖逆妄行，其終將自取滅亡，固為理所必至。然吾等旗籍平民為表明其根本反對之決心，謹以至誠鄭重聲明曰：「溥儀之倒行逆施，純係受新宗室及其走狗之野心，純非我一千萬旗民之公意，吾等誓死擁護民主政治，反對帝制之復活。至其假借滿族名義稱尊獨立、脫離中國、甘心媚外，是乃國法之所不容，涕泣陳詞，敬請公鑒。」——旗籍平民代表戴溥潤關綸言安德居鄭誠恩馬駿昌唐石水佟德全印鍾碩蔭昌羅英傑富文顯黃純仁高恩祿趙廉德楊武奎錫紹棠賀武興德文興雙玉魁裕世軒多隆阿阿克春索蔭廣福祥福褡田魯文選舒榮徐文林那魁梧白奎，偕旗籍平民一千萬人，同叩。

粵請討伐叛逆

去年九月十八日，日本帝國主義者，藉口中村事件侵占東北，並挾持國民共棄之滿清廢帝溥儀，組織傀儡政府，今竟決於本月十五日正式宣言，承認傀儡政府，公然毀滅《九國公約》，破壞中國領土行政之完整，其目無國際正義人道，已昭然若揭，當此危急之秋，舍誓死抵抗圖存外，別無他道，本部已於本日電請中央迅定大計，澈底抵抗，尤望全國同胞，凜興亡有責之義，一致團結，促中央速集大軍，討伐叛逆，收復失地，並厲行經濟絕交，以制日本之經濟侵略，蓋必如此然後乃能維持領土主權之完整，國家民族之生存，與國際和平之基礎，全國同胞，亟起圖之，中國國民黨中央執行委員會西南執行部寒印，又粵對外協會，十五日電中央，請速下令討伐叛逆，收復失地，十三日電顏惠慶轉國聯，速採盟約十六條，制裁日本以經濟封鎖，如不悔悟，更以武力制裁暴日。

廣西對日承認偽國之憤慨

（銜略）東三省在暴日劫奪之下，組織傀儡政府，早為國人所否認，茲者暴日不惟師亡韓故技，冒天下之大不韙，悍然承認此種偽組織，惡耗傳來，熱血沸騰，本日我廣西各界民眾，舉行九一八國難週年紀念大會，所有各界到場民眾，均認日本此舉，已充分表現其猙獰面目，當經一致表決，誓死反對，茲特鄭重通電全國，切望舉國上下，一心一德努力準備救國實力，期作再接再厲之奮鬥，臨電悲憤，諸維亮察，廣西各界九一八國難週年紀念大會叩巧（十八）日印。

第三節　東北民眾之抗爭

一、馬占山揭穿偽國之內幕

馬占山曾一度附逆，並充東北偽組織之軍政部長，國人對之，殊多責難，然有識者固料其環境壓追，一時權變，終有反正之一日，范蠡不殉會稽之恥，曹沫不死三敗之辱，其用心亦良苦矣，四月九日，馬氏卒率部退出齊齊哈爾，揭旗反正，及詳述日本迫建偽國之經過，並加入自衛軍重新抗日，當令所部集中松花江下游湯源聽命。並自黑河致電當局表明心跡，原文如次，（上略）占山茲由海倫忍痛應付，暫返省垣，本擬忍至專耕後，再行舉動，茲以國聯調查團行抵東北，日人強姦民意，謂我東北人民，自願脫離中央，以遂其侵略政策而欺騙國聯調查團，時機急迫，故事先暗將軍隊分布東邊一帶。於月之七日，急來黑河，所有軍政各機關，即時成立，照常辦公，並將日人強製滿洲偽政府種種陰謀，整理清楚，俾得宣諸國聯調查團，以揭穿其侵我陰謀，占山一息尚存，誓本以身許國之初衷決不負期許之至意，馬占山佳（九日）印。

馬占山之反正經過，頗多曲折，緣去年十一月間，遣黨務指導委員吳煥章，及已故中將旅長韓光第之姪韓立如（現充黑省軍署顧問）等二員赴南京，代表馬氏，報告作戰經過及請求接濟事宜，分謁各當局，以無澈底辦法，吳煥章遂赴山西投田見龍，韓氏則仍留南京未歸，詎於三月三十一日韓民祕密化裝回黑謁馬占山於齊齊哈所，對馬氏人格前途闡述頗詳，大為感動，遂決計潛行出省，密飭備軍用汽車二十輛，轎式車六輛，將鹽款一千四百萬元，呼海路借款金票七百萬元，稅捐收入三百萬元，手槍隊三百名，先將軍馬三百匹運出城外，翌日（四月一日）下午三時偕第三旅之職員夫役二百餘名（皆馬氏之親信）以赴馬廠看馬為名，逕向拜泉道上駛去，二日上午十時，始知潛行出走，則已無及，二日晚，馬占山由拜泉縣電齊齊哈爾特務機關長林義秀文曰，齊齊哈爾特務機關長鈞鑒，占山茲以拜泉防軍有譁變之消息，為撫慰及審視防務起見，必須親往一行，遲三二日即由哈爾濱繞道回省，臨行匆促，未及親辭，殊甚歉仄等語，日方常將馬氏出走情形，及繼任人選問題，報請日軍部裁奪，覆稱馬氏之長官名義，仍與存立，俾其仍可回省，另以現在齊齊哈爾之重要人物，分掌軍政大權，遂內定以趙仲仁為省長兼財政廳長，程志遠為黑龍江警備司令官，程氏以患砍頭瘡，遲至四月七日始於省署大禮堂行就職典禮，其作告云。

黑龍江警備司令官布告第一號，為布告事，案奉國務院祕書處抄送三月十二日第十六號勅令內開，任命程志遠為黑龍江警備司令部，此狀等因，奉此，本司令官謹於四月七日在黑龍江省就職視事，除呈報並分行外，合亟布告軍民人等，一體週知，此布，大同元年四月七日，借用黑龍江省印。

是時省城所駐之華軍，為程旅四十四團朱鳳陽與補充團王樹棠兩部，馬占山臨行時，電致丁超，李杜，宮長海，馬占海，李海青等，務於三日內派代表至拜泉縣，討論抗日作戰計劃。四月三日丁李各派代表先後抵拜泉縣，在濮炳珊公館決定作戰計劃三項，（一）由丁超李杜負責肅清哈綏路日軍，另由馬占山派現駐侮倫之砲九團金希均部進攻哈爾濱，為中路軍。（二）現往剿代自衛軍（即李海青部）之騎兵吳松林旅，馬占山飭其都助李海青，進攻長春，以顛覆偽國之巢穴，為南路軍，（三）以程志遠旅為內應，掃滅齊齊哈爾日軍，並令徐寶珍團向嫩江橋出動，斷絕日軍歸路，為北路軍，馬占山親率張翔閣旅濮炳珊旅蘇炳文旅及馬占山兼之騎兵第三旅，為各路援應，黑龍江軍隊薪餉皆發至二月份。議畢，各代表各返原防待命補充，馬古山三日用東北邊防軍副司令官名義，委徐寶珍為步兵第一旅旅長，以原有之衛隊團，補充團編入，另招騎兵一團，並通令各縣長趕編民眾自衛團護城，馬占山四口抵克山，委警備第三大隊宋大隊長為別動隊混成團團長，五日抵拉哈站，委徐于鶴為騎兵第二旅旅長，六日早抵訥河縣，委崔福崑為籌濟總辦，七日抵嫩江縣四站，檢閱存儲子彈，九日抵黑河，當日返璦琿縣主持一切。

四月十二日馬占山致電李杜云「弟於冬（二日）早離濟，赴拜克納等縣，宣慰駐軍後，於陽（七日）晚安抵黑河。所有弟屬各部隊，現已布置就緒，因途中感冒，殊覺不適，擬在此間修養，暫不返省。兄處情形如何，尚祈示知為禱」一等語。同日馬氏一面由海蘭泡電其駐滬代表轉致各方揭破暴日指揮偽國真相。一面由黑河致電國聯調查團，申述東北民眾不欲對中國宣布獨立，並揭穿日人包辦滿洲之陰謀。茲分錄兩電如次：

致國內各方通電

（銜略）自暴日以武力侵占遼吉後，雖其代表芳澤，屢向國際間聲明，決不破壞中華領土之完整，但其事實積極進兵，併吞江省之志，日益迫切，初則利用張海鵬部進攻，繼則竟公然以保護江省為名，調集大隊日軍，進迫省垣，我方以尊重國際聯合會決議案及《非戰公約》，竭力避免衝突，冀以保持世界和平，免地方之糜爛，並屢電我施代表提出國聯，促彼反省，乃封豕長蛇，得寸進尺，狼子野心，貪而無厭。占由守土有責，遂不得不實行我國家自衛權，以兵戎相見。當時我軍義憤填膺，人懷死志，晝夜兇戰，氣薄雲霄，卒以軍械不敵，益以敵方飛機，日向省城內外居民投擲炸彈，占山因重人民之籲請，並尊重國聯之公決，始將所部撤退海倫一帶，此已往與政戰經過之事實，業經迭電宣布，諒邀共鑒。迨撤退海倫後，正在積極補充軍實，作最後之奮鬥，而哈爾濱之戰繼起，遂一面派隊堵截駐江日軍攻哈，一面以主力軍隊助丁李，計劃從此兩軍銜接，東西聲援，遂使暴寇軍方，求不得逞。不意我軍甫抵松花江北岸之為家船口，而丁李各軍已不支而退卻，日方知我軍援哈舉動，決計由齊克呼海兩路，用重兵夾擊，以期消滅我軍實力。當是時也，前有強敵進逼，後無要隘可守，內而械竄彈缺，外而孤懸援絕，危急存亡，間不容髮，占山自幼從戎，歷經戰陣，生死二字，久已置之度外，顧念死或重於泰山，或輕如鴻毛，若驅一軍忠義，以與強寇銳利無情之炮火相搏，結果徒供一時之犧牲，快敵人之心，則恢復之機，益將絕望，反覆思維，欲解決目前難關惟有相機應付緩敵進擊，庶可保存我軍現有之實力，俟時機一到，再圖反攻，並可藉探日本侵略我方之真確計劃，故不惜冒險赴哈，會晤日本多門中將，以虛與委蛇之宗旨，搪塞其間，而東北一線之生機，庶得保留，此占山應付日人經過之曲折苦衷也。夫國際間最重信義道德，未有徒恃暴力欺騙，而可以得世界文明各國之同情者，乃日本不顧一初，甘冒不韙，其計劃之毒，出人意表。茲者國際調查團不日東來，若不將占山四十餘日親見親聞之日人種種陰謀揭破，宣告於世界，誰復知日人之鬼蜮伎倆，更誰知我東三省三千萬民眾，處此萬劫不復之地獄耶，當二月十六日，占山為明瞭日人製造滿洲偽政府之真相起見，又因日方邀請，復冒險赴遼寧會議，翌日晤關東軍司令本莊，據稱東三省大部，已被日軍佔領，僅吉黑一小部分，難抵抗，希與日方合作等語，是晚又強迫在趙欣伯宅會議，凡占山所提取消偽國家產出之方案，咸被日方拒絕，十八日託病返回海倫。旋據趙仲仁報告，十九日日軍部竟強迫張景惠成立偽國籌備委員會，並令強景惠趙仲仁率日方所收買遼吉黑三省之偽代表十二人，同赴旅順，敦請溥儀為偽國執政，並由日方授意溥儀三次推辭，代表三次敦請，始完使命。三月九日為偽國政府成立之期，占山本擬託故不從，現為避免日方生疑計，不得已去長春一行，十日日方現充偽國務院總務廳長之駒井及偽高等顧問板垣，以軍部命令，開國務會議，發表政府設總務廳，掌管各部一切實權，几有命令，不經該廳簽字蓋章，即不能執行。十一日板垣，駒井又在國務會議發表，日本軍部將來擬由日人充任偽政府官吏之半數，及各偽省府官吏十分之四，現經減少，僅派加新政府百數十名。旋經議及日人入籍問題，熙洽曾有審慎之提議，當被駒井板垣等嚴詞申斥，並謂凡居留東省之日人，均由鐵血換來，自應隸屬新國無審慎之必要，至於是否脫離日本國籍，日人自有權衛。不容他人過問，復又發表遼吉黑三省各設總務廳，並警務廳，均由日人充任，總攬各省全權，惟江省總務兩廳、以占山益力反對，故暫允緩三月後，再由日人接充，迨至十六日本莊來江視察陣地，曾謂日本具決心，無論如何犧牲，決不放棄東三省，如有反對新國家者，即由日本軍隊完全擔任掃滅責任，縱有第三國出而干涉，亦必與之宣戰，至於政令，自可按步進行，惟煩經駐在日軍之許可乃可，駐哈特務機關長土肥原，及駐江鈴木旅團長聲稱。日本得東三省後，種種軍事材料完足，將北侵蘇聯，東抗美國，胥於此樹立基礎，又復於土地，交通，金融、教育為積極之侵略。又偽國務院議決，（一）凡東北土地，已經出放者，若地主為官吏舊軍閥則全數沒收，若民戶畝數較多者，則以官價收買其半數，其未經出放者，悉數收歸偽國所有，以備日政府實行移民之用；（二）呼海鐵路為我江省運糧之樞紐，日人與張景惠立約，以十分之一代價三百萬元，強迫抵押，雖訂期五十年，實無異於永久占領，又恐占山不能承認商補簽字，當破嚴詞拒絕，近聞又向偽國交通部進行矣，（三）籌設滿洲偽國家銀行，仿朝鮮銀行辦法，以為操縱金融，吸我脂膏企圖，（四）摧殘我學校侵略我文化，凡學校除駐兵外，將我原有部定各級啟發愛國之教科書，悉加刪改，參以親日意旨，以盡其消滅我民族性之能事，而於言論，尤極摧殘，甚至假造輿論，淆惑聽聞，抑且慘殺我智識階級，凡曾受教育有愛國心者，屠殺活埋，於前財政總長閻廷瑞，洮素路局長張魁恩等，均遭慘害，綜觀以上之事貫，是日人吞併東三省之野心，破壞世界和平公約；已露骨表現之，對國際間猶謬稱滿洲新國之成立，為東北民眾自決之行為，而實則迫勒威脅，無所不用其極，所謂民意，純出日人製造而已，語云，一手掩盡天下人之耳目，此之謂也。占山一介武夫，愧乏學問，惟上承國家倚畀之重，下受人民付託之殷，故一月以來，不惜隻身冒險，忍辱受謗，以與漢賊不兩立之國仇，虛相周旋，所以然者，不過欲俟農民春耕之際，所部稍事蘇息，再圖大舉，以竟全功。現在日方假造之偽國真相已明，調查團不日東來，乘機策動，此正其時，爰將所部軍隊，暗中分布要隘，於四月七日急來黑河，所有黑龍江軍政兩署重要人員，先已密遣到黑，關防印信一併攜來，即日照常工作，進圖規復，雖明知勢孤力薄，難支大廈，然救國情殷，義無反顧，濟河焚舟，早具決心，我勝則為少康之一旅，敗則效田橫之五百，一息尚存，誓與倭奴周旋到底，成敗利鈍，在所不計。嗚乎，國家不造，禍起強鄰，白山淞滬，同罹浩劫、此後不斬樓蘭，誓不生還，惟委曲求全之苦衷，恐不為國人所見諒，故將中間經過之詳細情形，電達左右，昔日壯繆歸曹，志在漢室，子房輔劉，心切存韓，占山庸愚，心竊慕焉，知我罪我，惟在邦人君子，臨電悲憤，不知所云，黑龍江省主席馬占山叩文（十二日）印。

致國聯調查團電

查自滿消人民與我漢族混合，三百年來，居處滿洲，相安無事，政治文化習俗語言宗教，莫不相同，故一九一零年之政治革命，雖將清政府推倒，改制共和，而漢人與滿人之間，不持無絲毫仇恨之表現，且滿人與漢人名詞上之分別，亦隨之而銷滅於無形，此固世界人士略明中國形勢者所共見共聞，當非占山一人之私見也。故所謂滿人與滿洲者，已成為歷史上之名詞，絕無引用於今日之價值，而日人必欲據為奇貨竊用此字典上之陳舊名詞，分裂我民族，割據我土地，不圖於二十世紀之文明世界，尚有藐視國際正誼慘無人道之行為，誠為破壞東亞和平之導火線也。查國聯盟約第十條，有「聯合會會員，擔任尊重並保持所有聯合會各會員之領土完全」之規定，又一九二二年華盛頓《九國條約》，有保證中國領土，行政之完整，及東三省門戶開放與機會均等」各規定，此皆不便於日本併吞東三省之企圖，乃假借民眾自決之名義，用綁匪手段，強劫遜帝溥儀，自天津挾赴旅順，又強迫利誘原有東三省之官吏，演成一幕滑稽劇。溥儀嘗於途中屢次欲自殺，均為監視之日人所發覺而阻止，欲死不得，足見其所處之境遇，亦云苦矣，占山奉國民政府令，充任黑龍江省政府主席、兼任東北邊防軍駐江副司令官，凡黑龍江省防占山責無旁貸，乃至去歲九一八事起，日軍先後占領遼吉兩省，又蓄意圖黑，以修復嫩江橋為名，偷襲我軍，占山當即身列前線，力圖自衛，互相以砲火相旋者，計越二週，似器敗彈盡，困守海倫，而日本軍司令部，屢次遣人來，謂遼吉兩省軍政當局現已預定組織兩省新政權辦法，俟新政權成立，日本即當退兵，絕無干涉行政之意，惟黑龍江一省為梗，致陷全部於不安，如重三省治安，即日回省，黑龍江政權無條件交還，至省後日軍自可立時撤退等語。同時並有遼吉兩省偽長官，由日本授意，派人來言，謂新政權確係獨立性質，因即允予回省，籍以察看情形，再行定奪，詎進省後，日人以堂堂國家，不顧信義，頓時食言，不但一兵未撤，轉倒利用三省一致為名，成立一偽國家，以為實行侵吞之梯階，於是政務委員也，黑龍江省長也，陸軍總長也，偽名稠疊而至，占山得藉此窺暴日之肺腑，偽國之真相，以貢獻於吾維持世界和平主張國際公道當世唯一機關之貴會，是亦不幸中之大幸也。茲將一月以來占山實地經歷之記，擇要披露於貴調查團之前，以資參考，幸垂覽焉。

二月十六日，勉徇日人要求，乘飛機赴遼會議，二月十七日晤本莊繁，據稱日軍已占東三省大部，僅黑龍江及吉林之一小部分，絕難抵抗，請與日人合作，是晚在趙欣伯宅開會，凡占山所提取消偽國家產生之方案，竟被日方板垣嚴詞拒絕，是日會議無結果而散，二月十八日，託病乘機返海倫。旋據趙仲仁報告，十九日日軍司令部令張景惠成立新國家籌備委員會，又迫令張景惠趙仲仁率同遼吉黑三省由日賄買之偽代表十二人，同赴大連，敦請溥儀為偽執政，並授意溥儀，三次推辭，代表三次敦請，始完使命。

三月八日，日人復再三邀赴長春，占山本擬託故推辭，又恐轉生猜疑，不得已赴長春迎接溥儀。九日溥儀就偽執政職，一切儀節，皆由日人主持，傀儡登場，此之謂也。最可恨者，是日本莊繁來長監視溥儀就職，預令溥儀必須恭往車站迎迓，經一再懇請，稍留體面，當允由偽國務總理鄭孝胥代表，足見本莊直以統監自居，其所謂共存共榮者，完全欺騙伎倆也。

三月十日，日方由駒井板垣持日軍部命令，開偽國會議，同時並發表滿洲偽國政府設總務廳長，由日人充任，掌管各部一切實權，凡不經該偽廳長簽字蓋章，一切政令不得進行，三月十一日，大佐參謀板垣，偽總務廳長駒井，在偽國務會議席上聲稱，日政府原擬在新政府及各偽府官員中，參加半數，現經竭力減少，僅在長春新政府加入日人百數十名。又稱日人居住東三省者，即屬新國家國籍，凡一切公權均與滿人一律享受，至是否脫離日本國籍，自有權衡，他人不得過問，當派定遼吉兩省應由日人充任之總務廳及警務廳廳長，掌管各該省一切實權，凡不經其簽字蓋章，一切政令不得施行，並擬定黑龍江省展緩三月，再行派定，三月十六日，本莊繁來齊齊哈爾視察，於途次談話云，（一）日本全國已具決心，寧拚任何犧牲，決不放棄東三省，（二）無論何人有反對新政府者，當由日本軍隊負完全剿滅責任，（三）如有任何第三國出而干涉，已下與之宣戰最後之決心，（四）關於一切政令，自可按步進行，惟須經過駐在地之日本軍部及特務機關許可，方能實行。又偽國務院議決（一）凡東北之土地，已經出放者，若地主為官吏成軍閥，則全數沒收，若民戶畝數較多者，則以官價收買其半數，其未經出放者，悉數收歸偽國所有。以備日政府移民之用，（二）呼海鐵道為黑龍江省糧運之樞紐，日人與張景惠定約，以十分之一代價三百萬元，強迫抵押，訂期五十年，實無異於永久占領，恐占山不承認，商補簽字，雖經嚴詞拒絕，近又向偽國交通部強迫進行矣，（三）籌設偽國家滿洲銀行，如朝鮮銀行之辦法，以為操縱金融吸收脂膏之企圖，（四）摧殘我學校，侵略我文化，凡學校除駐兵外，將我原有部定各級啟發愛國之教科書，悉加刪改，參以親日意旨，以盡其銷滅我民族之能事。又駐哈特務機關長土肥原及鈴木旅團長，曾聲稱日本既得東三省，一俟經費充實，將憑之以為作戰之策源地，始能北侵蘇俄，東抗美國，間及其他各國，以上為占山所親歷事實之經過情形，現遼吉二省各縣，均派有日人兩名，辦理特務事宜，凡事不經其許可者，不能進行，所有東三省各報館電報電話，均由日人背後主持，而報紙除順從日本意旨外，實無真正之輿論。現因貴調查國行將東來，日人對於知識階級份子，均予警告，凡有不利於日本之言論者，即予以斷然之處置，凡有反對日本之人，均被日人在黑夜間闖入家中，逮補殺戮，並警告其家人，如將消息披露，同樣對付，闔廷瑞張奎恩等悉遭殺戮，即所謂東三省慶賀偽國成立之民意，均係日人偽造，現又收買無賴奸民，宣傳其德政，以上為占山調查所得之事實。茲聞貴調查團業已惠臨吾國，占山為救國計，遂決然冒最大之危險，設計自日軍嚴密監視下之齊齊哈爾，潛來黑河，執行黑龍江省政府職權，一切政務，秉承中央，照常進行，用將滿洲偽國組織之實情顛末，供獻於特奉使命來華之貴調查團，及世界欲明此事真相人士之前。茲敢以十二萬分之誠意，立誓宣告曰，吾東三省實無一人甘願脫離本國，自外生存者，即今從事於偽政府之官吏，均被日軍嚴重之監視，已失卻其自由，務請貴調查團對於此層特別注意，加以實地之調查，以作誠實之報告，則世界人類和平之前途，方得保障，貴調查團之有功於全世界人道，亦得永垂不朽焉。

再占山尤有進者，客歲秋間，吾華僑在朝鮮被殺死者數百人，財表損失數百萬，吾國政府何嘗借口於保僑，遣一兵一將入僑鮮，近年以來，日僑在吾國境內，並未發生若何危險，而該國政府竟信口保護僑民生命財產，悍然出兵，侵佔我東省，攻據我淞滬，兩相比較，世界主持公道者自有公論。旦日本僑民遍於五洲各國，倘該國政府有時亦借口保護僑民，派兵遣將，侵略其僑民所在地，則吾實為世界之和平危焉，尚祈貴調查團三思之。除逕電日內瓦敝國顏代表外，特此通告，順頌公祺，黑龍江省政府主席馬占山文（十二日）發自黑河。

馬占山誓師討日通電

馬占山在黑河配備討日大軍業已就緒，乃於五月十五日統率三軍出發，馬自兼前敵總司令，吳松林副之，石蘭斌為前敵總指揮，決計長期抵抗，並發出誓師通電如次：

竊占山自遷離龍沙，振旋黑水，倏忽匝月，遠念國人屬望之殷，近睹桑梓陷溺之慘，國恨私仇，推心刻骨，規復之責，朝夕不敢忘懷，現幸所部軍隊，布置悉已就緒，業於本月十五日，統率全體將士，由海關泡出發，三軍敵愾，志復河山，在昔韓亡子房舊，秦帝魯連恥，少康以一旅而興夏，田單以即墨而復齊，後之視今，亦獨今之視昔，謹將誓師之詞，撮要布聞，幸辱教焉，日本山田武吉氏，嘗著滿蒙根本大策，其中有曰，滿蒙為清室發祥之地，而擁立廢帝宣統，日本則掌握其政治財政軍事，及其一切實權，讀此而知今日偽國組織，悉基於彼方數十年來研究之結果，而非一朝一夕偶然之故，顧彼亦知今日之東三省，並非滿人世有之滿洲乎，曩昔漢武之時，已設遼東都尉，下逮朱元璋滅元以後，常置遼東之兵，採用田制，以防胡人，厥後愛新覺羅氏，崛起渾河流域，由是假道以入主中原，是知東三省者，實為吾數千年先民，櫛風沐雨，胼手胝足，驅猛獸，闢草萊，戮力開發，以遺吾世代子孫之世產，苟吾子孫堂構不紹，折薪弗負，或竟為日本揭篋擔囊負之而去，生則無所容於當世，死亦何面目以見列祖列宗於地下乎，彼日閥者，性嗜殘殺畏強侮弱，見利忘義，尤其鼠竊狗盜，為彼傖固有之天性，是以明一代，吾山東江洲沿海一帶，最苦倭患，其來也如烏合，其去也如獸走，擅肥而噬，飽颺以去，幸賴戚繼光用浙兵之力，加以重創，其氛始息，及至光緒甲午，乘清室淩夷之際，搆釁高麗，圖吞遼東，雖阻於俄德法三國國之干涉，而我台灣朝鮮因以割棄，復經戰勝強俄，攘得中東路及旅大租借權，更覬遼東為彼禁臠，自是以後，日本違約駐兵置警三省，殘殺之案，日有所聞，最重者，如民五之鄭家屯事件，九年擾亂廷吉事件，十八年之日警搶殺新民屯人民事件，以及最近之萬寶山朝鮮事件，二十年間，血跡遍於全境，蓋其目的，無非在挑撥釁端，以圖實行佔領，吾政府不願破壞和平，事事穩忍退讓，彼見計不得售，乃不惜倒行逆旋，冒天下之大不韙，而有客歲九一八事變之發生，誣吾截斷南滿鐵路為口實，一舉而毀吾兵工廠，奪吾飛機場，以數十小時之時間，佔據遼吉兩省重要都邑，財產供其搶掠，人民遭其屠戮，於是挾持廣帝，創立偽國，執政屍其朝會，官員備為走狗，大權所寄，悉任軍部，繳充蹊，坑穽塞路，舉手掛網羅，動足獨機陷，群談者顯戮於市，腹誹者暗殺於室，至於強淫婦女，活埋無辜，霸佔民產，尤彼所引以為快舉者，最近復下令於鐵道兩傍，二一里以內，不得私植高糧，不顧民食，唯彼戎軍之是利，較夫晉之盡東齊畝，其強暴尤逾百倍，推其用心，豈不欲吾三省民眾自洗其頸，盡伏於刀俎而後快耶，夫吾國民受日之辱深矣，忍之可謂久矣，顧佛經有言，天下惟忍辱之力最大，電不蓄則不猛，風不蘊則不烈，今吾全禮軍士，務當善用其最大之力，以掃蕩醜類，還我河山，吾今日為復吾故土而載，為雪我國恥而戰，亦為戰吾生存而戰，認定目標，鍥而弗舍，師直為壯，何敵不摧，嗚呼，吾三省土地雖廣，安容木屐克之越步，吾三省山林雖秀將豈許八字腿之彳亍，若其野草已佔，或遲彼膏血以潤，要知溝壑深邃，願假其屍骨以填，為占山叩。

馬占山致溥儀電

（黑河二十七日公電）（上略）頃致長春溥儀先生一電文，曰：長春溥浩然公鑒，自民國成立以後，占山待罪戎行，無因緣相見，茲者日人構禍，我公以退閑之身，復被日人居為奇貨，獲當復辟前晉謁時辱溫假之溫諭示以腹心私衷感憤不知所報。回江以後，回憶在長春時所見所聞，確悉日人利用我公為傀儡以遂其宰制東北之野心，作為朝鮮之續。雖經聲言無領土主權之侵略，即張燕卿、謝介石等亦屢言，日人決重信義、實能扶助滿洲成一獨立完整之國家，而會議席上以日人入籍問題，駒井嚴斥熙洽，其侵略情形已可稱概見。更以國際調查團行將東來，深恐滿洲國之成立為國際窺破，乃假東北人民決之題，目以欺朦世界者，更厚誣我公、厚誣東化，若長此因循，則調查團去後，是非已被其顛倒，東北將永無恢復之希望，我公亦將無所表白。一旦國府出師討伐我公，不僅為民國之罪人，抑且重負民元以天下為公之心，即不然國府縱棄東北於不顧，而我公以俎上之肉、釜中之魚，不出數年日人必仍出其併吞朝鮮之故技，深恐有清三百年來深仁厚澤，不斬於國民革命之手，而斷送於日人鐵蹄之下，是則占山心所為危，不敢不愷陳於我公之前者也。為今之計，欲絕處求生，惟有俟國聯調查團到達長春，於接見之時，將日人壓迫我公及組織政府之非出己意各種情形據實詳述。一方面請求該團保護我公出國，如是則日人於國際監視之下，斷不敢加害我公，將來中華復興，我公以青年有為之身，必能受全國人民之推戴，重為民國之元首。卻使虎口不易幸脫而因此犧牲，我公英名亦千秋萬古，永為後世所欽佩。較之身處樊寵、因循坐誤者，其得失不可以道里計矣。茲占山已乘此調查團將到之際，借查防為名親至黑河，整軍經武為收復失地之計，一面已通告世界表明日人之真相，使鬼域伎倆無所遁形，竭我駑駘、撻彼橫暴，誓死與之周旋。即不幸失利，雖一兵一卒決不放手，以報我公、以報全族，想我公天亶聰明，必當有以善處之也，臨電神馳，不勝惶恐，待命之至。馬占山叩有（二十五日）印等語，特此電聞馬占山叩宥（二十六日）印。

二、丁李通電調查團報告自衛經過

當國聯調查團到平準備出發前往東化時，丁超李杜特致電該團，申述日軍北犯經過及自衛軍奮鬥之情形；原電於次：

竊自九一八事變發生，中國政府因尊重國聯，保守盟約，望日人之悔禍，期國際之仲裁，及國聯決議，日方迄未履行，且更擴大事態，造成今日之險惡局面。中國領土與主權之完整，已為日本破壞無餘，保障世界和平之信條，日本且公然違背矣。然吾人仍信賴國聯之權威，可解決不平之糾紛，雖日人盡欺朦之能事，而事實俱在，中外人士所共見也，茲者貴團諸公，不辭辛勞，東來調查，蓋為促進實行國聯決議，以防止暴力之摧毀世界組織，其主持公道與維護和平之本意，凡屬人類，同深感佩。矧在吾人為當事國之一方，能不感謝。超杜守土護路，鎮守吉江，謹將日軍北犯及我軍為自衛而作正當防禦之經過，略陳諸君之前，以資參證。

（一）吉林自衛軍之組織：日軍既佔錦州，東化最後之壁壘已失，僅有吉林省政府統治下賓縣等二十八縣，為一塊乾淨土，而哈爾濱一埠為三省北部重心，日欲取之以北窺，乃嗾使熙洽派于琛徵出兵，於一月十六日攻檢樹阿城等縣，張作舟馮占海各部力與敵抗，同日土肥原赴哈，任日方特務機關長，秘謀北侵。時馮占海軍因眾寡不敵，於二十五日自阿城繞道至哈東，二十六日晨攻入哈埠，杜部高團同時開到，遂據哈爾濱以拒于琛徵軍。二十七日，與于部在距哈十五里之上號交戰，于軍敗潰阿城。同時日機三架飛哈，向王兆屯二十六旅旅部擲三彈，被騎兵擊落一架。超等以日軍北犯，違背中日條約，破壞國際交通，職責所在，必作正當之防衛，杜所率二十四旅，超所率二十八旅，與二十二旅旅長趙毅，二十五旅旅長馬憲章，二十六旅旅長宋文俊，二十九旅旅長王瑞華，暫編第一旅旅長馮占海，騎兵旅旅長宮長海姚殿臣等，成立吉林自衛軍，推杜為自衛軍總司令，超為東鐵護路軍總司令，同時合超杜所部組織聯合軍，設總部於賓縣，遂於一月三十一日電告中外，說明護路抗日衛國衛民之宗旨。

（二）日軍破壞東鐵與我軍防衛之情形：日軍為進佔哈埠，謀假道東鐵，為東鐵所拒，遂取直接行動，於一月二十八日強佔東鐵寬城子站，拘禁站長，槍殺路工，扣留貨物車輛，強迫路員開車，輸送軍隊。晚九時、日軍鐵甲車兩列及拖車二十輛，載滿日兵，離長赴哈，佔領窰門以南各站。至蔡家溝站，有自衛軍陳德才團扼守，日軍仍欲前進，即向我軍壓迫，我軍為護路計，遂採取正當防衛。自一月二十六日起，至二月四日止，與敵激戰於雙城堡，三間堡，三姓屯，顧鄉屯一帶。一直至五日，日空軍復來掩護陸軍前進、投彈多至數百枚，我軍遭受轟炸，損重害大。日軍長谷旅團，多門師團，仍繼續攻擊，幾至發生巷戰，我軍因慮中外僑民生命財產瀕於危殆，退出哈埠，至四時四十分，日軍濱本聯隊入據哈車站，超等率部，分退賓縣，阿城、依蘭、巴彥等處，徐圖恢復失地。

（三）義軍蜂起與自衛軍協方抗日：超等率部撤退後，日方復於二月十八十九日等，由長春派出日機六架，轟炸賓縣巴彥，自衛軍總部因移方正。時日軍迫同熙洽軍四出攻擊自衛軍，民眾憤激，義軍蜂起，王德林部首先加入我軍，二十日與日軍在延吉敦化激戰，超等率部收復東鐵哈綏錢，二十二日克工烏珠河，進展至一面坡，二十四日佔葦沙河，二十六日杜復率部向哈誰進。時日方正醞釀偽組織，恐為擊破，又派天野旅團開回一面坡海林一帶，超等不得前進痛勦。三月一日，王德林部襲寧安海林，擊敗日軍，三月二十一日，超等率部擊破熙洽日軍，圍攻下城子。時扶餘各地義軍蜂起來投，聲勢大振，乃日軍欲消滅國軍實力，掩飾中外耳目，又由賓縣珠河兩路猛進，我軍復作正當防衛。自三月二十六日至四月三日止，以全力抵抗，將日軍擊退，日復以飛機二十架掩護作戰，並在方正延壽依蘭各縣與夾板站高力帽子會發恒夾信子各村鎮轟炸，投擲重二百五十磅之炸彈多枚，燒燬房屋，炸斃多人，損失極重。本軍總部因由方正移依蘭，四月五六七等日，日飛機又飛依蘭轟炸，我方損失尤重。

（四）暴力下之偽組織：日本鐵騎縱橫，蹂躪三省，其目的在樹立新政權，與中國脫離關係，以實行其併吞之步驟，溥儀原居天津日界，早在惡勢力包圍之下，此次日方挾之以出，利用為傀儡，表演作雙簧。三月九日日人擺布就緒，代溥儀發表荒謬宣言，關於偽國之組織及人員之指定、均係日人之偽造與強制。溥儀乃前清皇帝，中國革命時已自行退位，東三省雖係清室肇基之地，三百年來已為純漢族之所居，此舉不特三千萬民眾所不願，即溥儀本人亦非出乎自由意志。日本因顧藉溥儀以遮世界人之耳目，為其完全吞併東三省之準備行為，純對不能以民族自決，欺騙國際，當溥儀夜長春就職之日，各地民眾皆有反對表示，三月十日，吉林各法團即通電否認偽國，請出師討伐。又本莊於返瀋途中，復遭便衣隊三百人之襲擊，此種日本人之所謂匪，實即憤恨日本侵略，不惜挺而走險，拼其生命以為中國民族表現正義之志士也。此中真相，尤望貴團諸公有切實之認識，至於偽政府行政院中有所謂總務廳者，行政院主權，集中於總務廳，而總務廳主權，則操之日本官。一切偽政，均日員指揮之，各省政府之各機關亦然。三月三十日吉林為省署增設總務廳，日人原武為總長，降至各縣，情形亦然。縣之權在地方自治指導部，而指導部之權在日人，所有軍警行政各權均直接為日人所操，三千萬人民之生殺予奪，屬於關東軍之自由，此誠可痛心也。

（五）東北民眾之痛苦：且日軍進佔東北之後，強收各交通機關，施行嚴厲之檢查，行旅困難，消息隔絕，稍涉嫌疑，即遭捕殺，四月二日，在吉林九龍日槍殺之商農會長蓋文華等十三人，即均被誣為匪者也。至於隨地補殺不知姓名者，更時有所聞。其不幸而居戰地者，則廬舍為墟，妻子離散，輾轉溝壑，血殷原野。年來世界經濟已極臻恐慌。其能維持遠東之經濟而不至破產者，實惟東三省是賴。乃自九一八以還，東北各地，受日暴力之擾亂，農村經濟已實行破產，商業為之凋敝，財源因之枯竭，經濟為社會之動力，經濟告窘，社會愈呈不安，此皆日本使之然也。況今春耕期至，而暴力之壓迫未除，農者不得耕其田，賈者不得營其業，一切停頓，危機立至，則此危機必由東北而波及遠東以至全世界，故此尚不僅為東北民眾之痛苦與不幸也。

（六）自衛軍之決心：東三省為我漢族胼手胝足所開發，人口三千萬，純粹漢人佔其十分九五焉，又為中國人過剩人口之消納地，且為華北物質建設一切原料之取材地。超等為保存中華領地之完整，與夫中華民族之生命財產計，日本以強力奪去，如不遵國聯決議，即予退還，我必強力取回之，不拘年限，不得不止，此應向貴團諸公聲明者也。東北三千萬人民，未入日本勢力範圍尚得自由者，現只依蘭，勃利，方正，樺川，富錦，穆稜，密山，寶清，同江、撫遠。饒河，虎林等十二縣，仍懸中華民國國旗，其餘各縣則徧插偽幟，人民已喪失意志之自由，倘貴團尚欲于其中搜求民意，藉資研究，則直成一滑稽的悲劇矣。現可斷言，貴團一旦出關，必所至遇歡迎，而歡迎隊中，必有我喪失保護的同胞，持日本直接間接所頒發之標語，倘問其人曰，君等願獨立乎，脫離中國為本心乎，則其人者必將囁嚅以答曰，願在日軍組織之下，凡在公式機會上唔見之中國人將一致的答覆曰，願脫離中國，何則，苟一語違犯，滅家亡身之禍立至矣，烏能窺得真正之民意，今日本包辦偽國，壟斷政權，鹽稅關稅，均已宣言獨立，歸併各路，接收郵電，舉凡一切均入其掌握，侵略事實，已大暴露。諸公出關之後，即見九一八事變真相陳列於前，就此真之情形，為研究之對象，於促進實行國聯決議上，必有最大之補益，則東北三千萬人民之所切望。而諸公將告使命之成功矣。超等率部對日作正當之防衛，軍事緊急，未能親謁諸公，詳陳一是，謹電陳述我軍自衛經過，兼致歡迎之意也。東鐵護路軍總司令丁超，吉林自衛軍總司令李杜同叩。

東北民眾義勇軍軍事委員會否認偽國決心抵抗快郵代電

天津《大公報》轉，洛陽中央黨部，國民政府，南京各部院，全國各省市黨部，各省市政府，各軍旅，各報館，各法團，駐華各公使，並轉各該國政府鈞鑒，自暴日進攻東北，迄今五月間，遼吉黑錦哈各地，相繼被佔後，日本在東北之軍事行動，已告一段落，近更嗾使其走狗華人，組織東北偽國家，以遂其由保護而併吞之野心，再此種偽國家之組織，完全為少數賣國賊，馬占山（按已反正）張景惠，熙洽，臧士毅等個人之不法行為，我東北三千萬愛國之民眾，絕未與聞，亦絕不承認，蓋東北為中華完整領土之一部，領土保全，門戶開放，機會均等之義，載於華盛頓《九國條約》，非獨不容少數華人盜賣，亦不容任何帝國主義者之國家併吞，而我東北三千萬愛國之民眾，非獨始終依附中國，並已準備相當力量，犧牲一切，以實行抵抗暴日，剷除賣國賊，近各地義勇軍之奮起，即其一端，即使吾三千萬愛國民眾，實力不充，不幸失敗，亦寧至玉碎，不甘瓦全，惟有灑滿待熱血，以培植公理正義之苗，以胸其勃發而後已，此外吾東北三千萬愛國民眾：

一所希望於國民政府者，速遣相當軍隊出關，聲討賣國賊，進攻暴日，俾與東北民眾義勇軍，收夾擊之效。

二希望於以平等待我之民族或國家者，速採有效方法，以制裁此破壞中國均勢，及世界和平者之蟊賊，夫東北有遠東巴爾幹之稱，苟脫離中團之統治，必惹起世界之戰爭，此為明於國際情勢者所共知，今我東北三千萬民眾，乃為國家爭人格而奮鬥，為民族爭生存而奮鬥，故一息尚存，必誓死抵抗暴日，剷除賣國賊，以盡國民與人類之天職而後已，臨電陳辭，伏祈照鑒。

東北民眾義勇軍軍事委員會叩養

遼東民眾自衛軍否認偽國通電及誓言討逆

（銜略）鈞鑒，吳天不弔，日軍內犯，焚殺淫掠，橫施蹂躪，半載以來，迄無寧日，且復威脅溥儀，建造偽國，強迫民意，勒令服從，滅韓鮮之故技，重施於我，凡有人心，誰不共憤，聚五等份屬國民，興亡有責、職為軍人，尤須殺敵，今而不舉，更待何時，況荷國家之重任，受民眾之委託，大義所在，萬難茍安，今擇於四月二十一日爰整所部與民部聯合，共同一致，起而討逆，國難當前，人必奮勇，仇不戴天，誓必殲盡，臨陣之際，彈盡則短接，刃折則肉搏，渴飲敵血，饑餐虜肉，前者仆而後者繼，不滅叛逆，誓不生還，光武一人，尤能中興，楚餘三戶，終亡秦國，我東北民眾三千萬人，具救國之心，士懷殺敵之志，痛飲黃龍，指日可希，還我河山，尅日可待，依馬布懷，不盡一一，諸希亮察，遠東民眾自衛軍全體叩。

三、東北民眾誓不兩立

日人既佔東省，強姦民意，誘脅溥儀，就任偽國執政，並強迫各縣組織健國促進會，推派代表，赴瀋請願，被派代表處於日人暴戾之下，忍辱受命，近遂祕密會議，公舉代表，潛來關內，向政府及全國同胞泣訴東北三千萬同胞之苦痛，並發代表宣言，聲述日軍暴行，深盼國府出兵，討伐叛逆政府，收復失地，並請國聯主持正義，莫為日方之宣傳所迷惑，茲覓錄其宣言如次：

東北被迫各縣建設偽國促進會代表宣言

洛陽中央黨部，國民政府，各部院，各綏靖主任，各級黨部，各級政府，各法團，各報館均鑒，慨自東北淪陷，倭寇披猖，強佔我領土，謀奪我主權，襲用亡韓故技，先圖創造偽國乃嗾使認賊作父之于沖漢，張景惠，熙洽，趙欣伯諸賣國賊，舉行最高政務委員會，討論建國逆謀，並命各縣指導員強迫各縣組健國促進會，指派代表赴瀋請願，在指導部開建國促進聯合大會，假造此民意，以促成倭奴卵翼下之滿洲偽國，凡我被指派之代表，如不接受，即加以反日罪名，置諸死地，吾等處於倭奴鐵蹄之下，如失怙恃，瞻仰誰伊，敢不含詬忍辱，覥然赴瀋，然吾等之心未死，詎甘隨叛逆以賣國，吾等之身猶存，誓必殲倭虜而復仇，爰聯絡各代表密開會議，僉主暴露倭奴強姦民意之陰謀，申告中外，剖析吾等違心被迫之苦衷，訴諸國人，遂公舉代表，潛來內地，向我政府及全國同胞，涕泣聲述我三千萬同胞度亡國奴之生活，已逾半載，所受痛苦，罄竹難書，日盼國軍出關討賊禦侮，現我東北民眾已有武裝，備為國軍內應，惜乎民眾之望眼欲穿，國軍之旌旗莫見，致使倭奴坐大，偽國釀成，思之髮指，言之痛心，代表等願我政府早定大計，驅逐倭醜，收復失地，芟刈國賊，保存政權，勿念我東北民眾為朝鮮第二，以貽國家無窮之禍患，並國聯調查團秉公持正，切實考察，莫為倭奴之宣傳所迷惑，誤認倭奴偽造民意，迫建國為事實，如是代表等之使命達矣，臨電神馳，無任翹企。

暴戾下東北被迫各縣建設偽國促進會代表同叩

東北各法團通電否認偽國

（銜略）均鑒慨自日本進兵窺伺三省侵擾京滬，殘暴陰謀，天人共憤，今更誘唆漢奸，妄稱改建大滿洲國，年號大同，定都長春，改換國旗，委託溥儀為執政官，三月九日就任，熙洽電令各縣稱賀，並頒下詞稿，責令照式排發，似此捏造民意，實屬背叛國家，我東北民眾一息尚存，對於滿洲為國亂命，誓死反對拒絕，查現在青天白日族照耀東化者，祇伊蘭轄區十二縣及哈埠中東路局而已，言念及此，群情憤激，即應聲罪致討，以伸國紀，尢盼早日出師，復我山河，肅電敬陳，伏維鑒察，吉林東北區軍政商農學警各法團及二千萬民眾叩青（九日）印。

東北住在民民抗日救國會否認偽國宣言

親愛的同胞們，日本組織的滿洲國成立了，我們馬上當亡國奴了，東北三千萬民眾，從此死無葬身之地了，這是何等悲哀痛心的事呵，我們要認清日本是我們惟一的仇敵，滿洲國是日本滅我們的一種手段，我們是有理性的人類，絕不甘受他們的壓迫，我們要精誠團結，一致奮起，向日本作殊死戰，先復燦爛河山，收回失去自由，我們的口號是：

一、驅逐日本軍出境。

二、打倒賣國賊否認滿洲國政府。

三、中華民國萬歲。

東北住在民眾抗日救國會

東北民眾抗日救國會敬告東北同胞書

東北父老兄弟諸姑姊妹公鑒，東北不幸，暴日入寇，九一八以後，鐵騎縱橫，蹂躪三省，其念念不忘者，不外樹立所謂「新政權」，以遂其割裂吞併之奸謀，最近滬戰既殷，而偽造政權運動，進行益猛，無恥漢奸，群集審陽，於日人武力挾持之下，舉行所謂「建國」會議，發布宣言，計日成立，一幕傀儡怪劇，終登場矣，夫我東北三千萬同胞，今日在日軍暴力壓迫之下，皆俘虜耳，生命財產，不能自主，行動言談，概受拘束。不知何日死，不知何時死，土地為人霸佔，主權遭人侵奪，地方官廳，悉有日本顧問：各縣「自治」，須受日人指導，一切權力，均在日軍槍刺刀尖支配之下，我三千萬同胞，無自衛之權，無生存之權，如此而曰「建國」，祗不過在成立之後，簽訂賣國合同。供日人之驅使，殉日人之貪慾而已，黠哉日人，巧取豪奪，此亡朝鮮之故技也，司馬昭之心，路人皆見，其殘酷狠毒，蔑以加矣，東北為中國領土之一部分，否認中央政府，脫離中華民國，我三千萬同胞將往何處去，張景惠熙洽之輩，喪心病狂，認賊作父假三千萬同胞之名，作簽字斷送東北命脈之事，以取媚於日帝國主義者，其污辱我東北同胞，可為至矣，且張熙等，受日人奴使，亦形同幽囚，世豈有虜俘之身，而能保衛人民者乎，宣言云云，徒暴其為無恥之尤而已，此輩叛國之徒，我中央政府，自當下令申討，痛加撻伐，明正典刑，以整紀綱，吾人今以至誠敬告我東北父老兄弟諸姑姊妹曰，東北偽國宣布之日，即我三千萬同胞列名奴榜之時，朝鮮亡國慘痛，將一一加諸吾人之身，吾人果甘心受日人支配，聽日人宰揭竿而起，此其時矣，毋使我祖若宗血汗經營之遺產自我斷送，而陷我子孫於萬刦不復之深淵也，本會同人，一息尚存，誓拼熱血頭顱，與暴日相周旋，而拯我同胞於水火之中，寧舉日偕亡，毋偷生苟免，涕泣陳詞，惟我父老兄弟諸姑姊妹實昭鑒之。

東北民眾抗日救國會

申討溥儀宣言

日本帝國主義者，乘中國空前水災，世界各國經濟恐慌之際，突於九月十八日，以軍隊襲取我瀋陽，繼復佔我遼吉兩省之重要城市，兩月以來，置國聯兩次限期撤兵之決議於不顧，一方使事體擴大，以飛機轟炸我錦縣，並以重兵攻取我黑龍江省城，一方勾煽鼓惑，冀以完成其所謂樹立滿蒙新政權之計劃，前者日本浪人土肥原之罷然蒞律，吾人固已了然其用意之所在。果也土肥原蒞律未久，而日人包庇暴徒，擾亂天津之事件發生，而亡清廢帝溥儀為之挾持以去，而溥儀瀋復辟之消息轟傳遐邇，夫復辟運動，張勳以督軍團領袖之地位，稱兵作亂，曾不獲稍逞於禹一，今乃在日寇佔領區域之內，計日實現，其為狡日陰謀，固已昭然若揭，此其所為，實破壞我國行政權之完整，擢毀國聯盟約，《非戰公約》，及華盛頓《九國公約》之精神，國民一息尚存，為維護國際公約，人類和平，履行其對世界人類之義務，自應誓死反對，以熱血頭顱，與暴日相周旋，惟是吾人以東北民眾之立場，有不能不鄭重聲明者，日本之處心積慮，無日不思在東北樹立一中國人組織之傀儡政府，供其驅使，謀之已久，籌之已熟，頃為廷雖未正式成立，確已在積極進行中，在日軍撤退之前，依吾人良知之所昭示，必將於最近期內，立告實現，於是將來乃以偽廷為交涉之對手，於我東北之主權任意割取，猶以民族自決之美名，炫然欺朦世界之耳目，其計而果行也，則我國之東北，勢將侵假淪為今日之朝鮮第二，為禍之烈，實有吾人所不忍言者，夫東北三省為東北民眾財產房墓之所在，溥儀何人，而能任意斷送，倭寇何人，而能肆意攘奪，矧東北為中國領土之一部，所有顛覆國體之企圖，舉為國家法律所不許，溥儀何人，而敢受人利用，甘冒不韙，顛覆國體，認賊作父，是純然內亂罪之正犯，我國公敵，其對內對外之一切行動，如發布偽命，簽訂條約等非法行為，吾的北三千萬民眾，雖粉身碎首，亦不承認，澈終澈始，此志不渝，尚望全國同胞，政府諸彥，急起奮鬥，一致主張，請政府對溥儀偽廷，明令申討，痛加撻伐，吾東北民眾，誓從全國賢豪之後，為政府後盾，東北淪亡，間不容髮，挽瀾赴義，不容反顧，迫切陳詞，敬希亮察。

東北民眾反日救國會印

東北各團體電請國聯調查團主持正義

東北各民眾團體學術團體代表昨致上海國聯調查團，代表東北三千萬民眾，表示歡迎，並申明希望，使東省問題，得一公平公理的解決，原文如左。

上海國聯調查團李頓爵士勛鑒，吾等謹代表東三省三千萬人民，歡迎公等蒞此多難之邦，孔子云，有朋自遠方來，不亦樂乎，吾等數迎公等，即曰中國人此種久著之誠意，然萬分抱歉者，竟不克歡迎公等至吾人卑陋之庭舍，以其為吾人鄰人所毀壞佔領也，請視日人加於上海之殘暴，日人稱為自衛，然其「義衛方法」竟否認吾人之生存權，請視日人加於滿洲之欺人〔樂園〕不止，使吾醒千萬民眾流離失所，而且「保護」之，使之死亡，凡稍表示國家思想者，日人皆稱之為賊匪，而殺戮之，然日人則繼續製造土匪，恫嚇百姓，一面作長久佔領之口實，一面藉以強迫民眾，請求保護，吾等謹鄭重宣言，反對日本野蠻侵略，其行為既蹂躪國際條約，復滅絕人類基礎正義，所謂滿洲國者，完全為日本軍人之傀儡，為達到分割中國實行吞併之陰謀，吾等之缺陷與過失，吾等自知之，吾等承認之，但吾等三千萬中國人重新宣誓，吾等之決心，即吾人鄉上東三省與吾人自身必永久一致，為中國之一部，與其命運相終始國際聯盟及合眾國之關河與勞苦，請公等代表前來作和平正義與國際公道之努力，吾輩中國入莫不同深感佩，吾等本四海兄弟之心，深深信賴貴調查團希望能得一公平合理的解決，然吾等並不盲於公等前途之困難，國際聯盟既以人類最大之犧牲與希望而成立，吾等敬候其證明強權在今日非即公理，同時吾人惟有毅然準備奮鬥到底，使公理之終勝強權也，東三省商會聯合曾主席金恩祺，瀋陽工會聯合會會長盧廣績，遼寧省教育會會長姬振鐸，遼寧省農務會會長葉奇峯，瀋陽銀行公會主席魯穆庭，瀋陽律師公會代理會長孟傳大，東三省報異聯合會主席趙雨時，東北大學代理校長甯恩承，吉林大學校長李錫恩，東三省青年同志會會長王化一，世界婦女和平自由同盟會瀋陽分會生席王寥奉獻，蒙古文化協會會長達爾罕王神晉，瀋陽市教職員聯會主席梅佛光，太平洋國際學會幹事王正順，國際聯盟協會東北分會幹事王卓然，東三省外交協會主任幹事蘇上達，東三省基督徒協會主任幹事閻寶航，東北醫學會幹事高永恩，中國經濟協會東北分會幹事蕭純錦，中國科學社瀋陽社友會理事長孫國封，中國工程學會東北分會幹事張卓甫，東北政治學會幹事趙明高，東北破學會會長薛志伊，東北留美同學會幹事周淑清。

遼寧全省民眾致國聯調查團請願書節錄

……現在我們只有將日人強迫建國與滿洲建國非出於東北民眾意思的事實，獻給國聯調查團諸委員之前，以資粲政。

一、自治指導部與機要處之組織，為日人強迫滿洲建國之大本隊。

※自治指導部設於瀋陽，內部組織除自日人安置一無能力無思想之中國人為傀儡部長外其餘各職員顧問均為日人凡日人駐軍之區域均設有分部各地方之行政權均歸其掌握在偽國未成立以前對於偽國之建樹即有相當準備偽國成立以後多地方各城市遊行示威貼標語撒傳單均由指導部所組織。

※機要處原設於吉林之長春處長為日本浪人首領土肥原由該處負建設偽國運動之使命偽國執政溥儀即由土肥原田在天律租界逼迫至大連與胡匪之綁票行為毫無二致於此可見獨立運動一絲

一毫與東北民眾沒有關係純粹出於日本軍部的意旨政府的陰謀。

二、偽執政消儀為政治傀儡之不得已。

去歲事變後日人即有建設滿洲獨立國之計劃十一月間關東司令官本莊繁派土肥原至天律（此時日本正利用便衣隊擾亂天津）將溥儀強架走被監視於大連大和旅館內終日涕泣無計遁走今年三月九日偽國成立即將溥儀由大連運至長春當由關東廳密令加委溥儀為偽國執政溥儀雖不願就亦無可如何至今東北民眾皆呼之曰「偽皇帝」、「傀儡執政」云此亦可見滿洲建國非出民意乃魚日人強迫使成之也。

第十章 日本對偽國之自造自認

第一節 日本承認偽國之經過

日本對其一手造成之滿洲偽國，現已開始進行其預定之「承認」計劃，武藤信義奉命為駐滿全權大使，趕期赴任此為日本準備承認偽國之第一步，關於「滿洲國」承認問題之樞府預備審查，已由九月九日之日本閣議正式決定後提交該會議，樞府審查委員會當於十一日午前九時半開會，首由齋藤首相說開奏請諮詢之理由，外相內田康哉說明政府決定承認「滿洲國」之經過與始末，繼由平沼騏一郎委員長以次富井、石井、荒井，河合等委員，詳述各人對於日本應急速承認「滿洲國」之理由，十三日上午十時，樞密院關於承認偽國事，復假日宮開正式會議，在日皇親臨之下，仍由平沼委員長報告審查會之經過，旋經討論及質問後，即全體一致通過該案矣，並決定訓令武你駐「滿」全權，於九月十五日上午十時在長春與「滿洲政府國務總理」鄭孝胥正式簽字，日政府接到已行簽字之通告時，即開閣議，採取關於承認滿洲國之最後手續，由齋藤，內田，岡田及荒木四相副署公布，並於是日下午四時，向國內外各方面發表聲明等決議後，關於簽訂「日滿」草約之籌備，又已完畢，武藤全權遂奉令於十四日下午由瀋去長，代表日本簽字，十五日早由偽國外長謝介石（台灣人）至大和旅館迎武藤全權赴偽執政府，約九時行抵偽執政府，當由偽國務總理鄭孝胥，偽侍從武官長張海鵬等出迎導赴謁見室，在日方代表之武藤全權，小磯參謀長，岡村，川越，栗原等書記官，與偽國方面之鄭孝胥，謝介石，駒井，大橋等到席之下，由武藤宣言，謂「日政府為容納滿洲三千萬民眾之希望，確保東洋和平計，特行確認滿洲國之獨立」，於是武藤即先行簽字於「日滿」正副議定書，然援由鄭孝胥簽字，為時正上午十時，溥儀於簽字手續完竣後，即召「日滿」雙方出席人員，奉以香檳並撮影紀念，一幕醜劇至此遂如鳥獸散。

「日滿」簽字雙方代表人

日本側：武藤全權，小磯參謀長，川越首席隨員，栗原，林出兩書記官。

偽國側；偽國務總理鄭孝胥，偽總務長官駒井德三，偽外交部長謝介石，偽外交次長大橋忠一，偽國務院祕書鄭垂。

大同元年九月十五日午前九時十分國務總理鄭孝胥與日本帝國特命全權大使武藤信義在執政府簽訂議定書如左：

《日滿議定書》之原文

因日本國確認滿洲國根據其住民之意思自由成立而成一獨立國家之事實。

因滿洲國宣言中華民國所有之國際約款其應得適用於滿洲國者為限即應尊重之。

滿洲國政府及日本國政府為永遠鞏固滿日兩國間善鄰之關係，互相尊重其領土權且確保東亞之和平起見為協定如左：

一、滿洲國將來滿日兩國間未另訂約款之前，在滿洲國領域內日本國或日本國臣民依據既存之日中兩方間之條約協定其他約款及公私契約所有之一切權利利益，即應確認尊重之。

二、滿洲國及日本國確認對於締約國一方之領土及治安之一切脅威，同時亦為對於締約國他方之安寧及存立之脅威，和約兩國協同當防衛國家之任，為此所要之日本國軍駐紮滿洲內。

本議定書自簽訂之日起即生效力。

本議定書繕成漢文日本文各二份漢文原文與日本文原文之間如遇解釋不同之處應以日本文原文為準。

為此記名兩員各奉本國政府之正當委任將本議定書簽字蓋印以昭信守。

大同元年九月十五日　訂於新京

昭和七年九月十五日

滿洲國國務總理鄭孝胥

日本帝國特命全權大使　武藤信義

大同元年九月十五日

國務總理　鄭孝胥

（見偽國政府公報九月十五日號外）

日本承認偽為後向中外發表之謬妄聲明書

滿洲乃係帝國曾經賭國運以拯救其危機之地，爾來二十有七年，我官民一致參與該地方之開發與苦心經營之結果，致有今日之繁榮，現該地言於國防上，及國民的生存上，已成為與帝國不可分離之關係，近年因過激思想為禍之排外的革命外交，致滿蒙之我之重大權益，日被蠶食，九月十八日事件發生，乃我自衛權之發動，然因滿洲事變發生，舊東北政權覆滅，乃有奉天，吉林，黑龍江，熱河四省，東北特別區，及蒙古各旗盟等之官紳乘機集合，協議結果，遂於本年三月一日發出建國宣言，即日與中華民國脫離關係，而創立滿洲新國家，同時並公布新國家之綱領，對內排除舊日之苛酷政治，而實行王道政治，對外則尊重信義以求和合，並尊重既存之義務，以及遵守門戶開放，機會均等之主義，明示對內外極為公平妥當之政綱，該國政府遂於同月十日向帝國政府及其他十六國政府發出通牒，對於以上建國綱領之趣旨反覆申述，同時並要求與該國訂立正式之外交關係。

爾來帝國政府歷經半載以甚大之關心與細密之注意，而留意滿洲國事態之發展，認為該國對於前記所列之對內外政策之實行，具有誠懇與執意之事，殊可置信，就中如治外法權之撤廢，對於一般外人之內地開放問題以久其他條約之改訂等，特設委員會以行諸般之準備，同時並非依據一般的措置而與以廢棄之事，乃係始終依據關係國之同意而與以改訂者也，至財政及其他諸般之施政，其改善之痕跡亦可窺見，現今滿洲國，著著舉其獨立之實。其前途殊有甚大之希望，帝國政府鑒於以上滿洲國對內外之態度，並鑒於滿蒙之地與我國防之安危及國民之生存有關，故此際應迅速承認滿洲國，促進該地方之安定，以期鞏固帝國之恆寧與永遠確保東洋和平之基礎，茲於本月十五日行命武藤全權大使與滿洲國政府當局之間締結議定書，以之對於該國以正式之承認，此項承認之實行，與帝國所加盟之任何條約均無抵觸，此於本年八月二十五日之帝國議會席上外務大臣之演說，已表明本議定警乃係確認滿洲國係根據其住民之自由意思而成立之獨立國家，同時並規定該國內之帝國及帝國臣民從來於條約及其他協定所獲得之一切權益，與以確認尊重之事，除一掃從來滿蒙我各種權益之糾紛外，又鑒於對滿蒙一切之威脅，乃有關帝國之恆寧，應由日滿兩國共同以任國家之防衛，故此遂規定所需之常國軍駐紮於滿洲國內，俾永遠鞏固兩國間之善鄰關係及確保東洋之和平者也，帝國對於滿蒙並無任何領土的意圖，此曾經帝國政府屢次闡明，就此次之議定書全文中。亦揭日滿兩國互相尊重其領土權之事，且滿洲國政府於其三月十日對外選牒中會表明尊重門戶開放主義，然中國政府對滿發所希望者、乃係確保我於訪地方之正當的權益，同時並排除一切排外之施設，傳內外人同等得安其生活者也，帝國政府對於各國人於滿蒙，皆得於均等機會之下、從事於經營滿蒙之活動，而使該地方之開發與繁榮之事，乃素所希望，固不待言也，夫滿洲國上下，關於其對河外政策之實行，其政治進取之態度，逐漸得全世界之認識與信賴，則列國與該國將早日入於國交關係無疑，茲帝國政府承認滿洲國之際，謹為該國前途祝福，同時帝國官民一致以善鄰之誼，無遺憾的協力以舉日滿共存共榮之實，是所至望。

偽國對於議定書簽字後之聲明（原文）

今日為我滿洲國務總理日本國滿洲派遣特命全權大使將雙方議定書實行簽字之日，吾人欣慰之餘不禁欲有所聲明者，自今日始日本國已正式承認滿洲國之獨立，此後兩國得以獨立國資格互相提攜，以維護東亞以至於世界之和平，其事實之重大，誠開世界歷史上一新紀元，而其裨益於人類之幸福者，亦至深且遠洵，堪引以為慶慰者焉。

竊自本年三月，依民意所歸，迎溥儀前皇出任滿洲國執正，向內外宣言獨立以來已半載，其間賴百官有司之勢力與一般民眾之覺悟，國基乃益臻鞏固，且因有日本軍隊絕大之援助，以七月底削平馬占山為一段落，境內匪軍亦見甫清，加之接收海關財政基礎確立，吾人所鵠望之安居東土實現之期，已近在眉睫間矣。

滿洲國乃依三千萬民眾之意志而建設，在內以民眾幸福為標的，外以國際親善為主旨，勵精圖治，期濟大同。就國家的立場言之，較諸世界各國，絕無遜色，自毋待言飲。無論列國承認與否，在事實上已成為獨立之國家，如蔑視此種事實而欲求國際關係之圓滿，是猶南轅而北轍，豈得謂為忠於世界和平人類幸福者哉。

列國中對於我國存立，最有重大關係而接觸最密、交涉最繁之日本，既將基本的議定書簽字依三千萬民眾之熱望，首先毅然正式承認，對內於鞏固我國國家基礎，對外於確立我國國際地位，助益良多，何勝欣感。

尤堪告慰者，本項議定書中訂有滿日兩國互相依賴生存之盟約，含有確保滿洲國永遠存立之旨趣。以前三千萬民眾之中對於國家前途不免有抱杞憂者，今經此番基本議定書之簽字，則一切懷疑當可渙然冰釋矣。

此際，吾人對於操縱匪軍、擾亂滿洲治安、仍作收復領土迷夢之張學良一派軍閥，與欲將此肅清兵患之滿洲重為禍源而牽引歐美諸國捲入東亞國際紛爭漩渦之中華民國國民黨政治家諸君，能於此新事態早有覺悟，虛心坦懷與滿日兩國共取東亞民族融和之方針，實所深切企盼而不置者焉。

抑更有言者，即常以正義人道相標榜、高唱民族自決之歐美諸國及國際聯盟，對於滿洲國之健全與發達應有獎勵之援助之義務。而今則不然，乃竟不顧我國民意，欲使此已脫於暴政而獨立之新國家還諸舊軍閥之手，是不啻驅三千萬民眾，舉而納諸水深火熱之中，天下安有此公理哉。

且滿洲國獲有今日，在日本援助之力至為巨大。今若蔑視此事實，徒發空言，是欲導東亞之和平入於紛亂之境，竊為歐美及聯盟諸邦所不取也，誠欲解此厄者，則惟有迅速承認滿洲國之一途，無他術耳。

列國對於滿日兩國關係之特殊親密難免無懷疑者，然試從地理的、歷史的關係觀之，即知乃理所當然。考之世界各國，亦自不乏先例，此庸足論。竊意列國所關心者，乃在滿洲國經濟上門戶開放與國際間義務履行之兩點耳，關於此點業於建國宣言及對外通告中聲述，明瞭此後將隨滿洲國國際地位之確立而益加以實證。倘列國仍有所疑，盍倣日本之例亦起而承認我國，締結可以確保前述兩點之條約，則疑團不即可以立釋乎？世有對於滿洲國之實質毫無所知、而徒憑有所為者一派之宣傳即信口雌黄、作種種惡聲者，吾人對此無稽之言，但依今後所行之事實即足以反駁，而表明之固無須嘵嘵置辯或作他種之宣傳。吾人之所亟亟而不敢少懈者，乃在忠誠勇往、致力於建國宣言及對外通告之實行，使我國家早達於理想之東土，與世界共享和平之幸福而已。

茲當善鄰正式承認我國獨立之時，謹對日本帝國及國民深謝盛意，並一披瀝我三千萬民眾對於實現滿洲國之理想，誠有確定不移之信念，以公表於天下云爾。

大同元年九月十五日

大滿洲國外交總長　謝介石

（見偽國政府公報九月十五日號外）

第二節　日本準擬以偽國為保護國

試觀日人高木南峰所著之《滿洲建國》一書，當知日本對於其一手造成之偽國，非只正式承認已也，再看九月十五日之日本同偽國簽訂之《日滿議定書》一文，更可知日本承認偽國後，預擬進行者為何事，在該議定書之第二款所載（約定兩國共同以任國家之防衛，如此所需之日本國軍乃駐紮於滿洲國內）等語，此純為取得廣泛駐兵權之巧技，苟吾人檢閱日本亡朝群時所用之毒策。正與日本此次用於偽國者，照方泡製，茲摘錄日本亡朝鮮時所締結之攻守同盟及日韓保護等協約全文如後，即可證明亡我東北為日本早具之決心，承認後當然要迫偽國簽訂「日滿」保護等協約，此實為意料中，亦為日本準備進行中之事也。

《日韓攻守同盟協約》（譯自《滿洲建國》）

第一條、為保持日韓兩國間恆久不變之親交保持東亞之和平起見大韓帝國政府確信大日本帝國政府關於施政之改善容納其忠告。

第二條、大日本帝國政府以確實之親誼保持大韓帝國皇室之安全康寧。

第三條、大日本帝國政府確為保障大韓帝國獨立及領土之保全。

第四條、因受第三國之侵害或為內亂致於大韓帝國皇室之安寧惑領土之保全有危險之場合大日本帝國政府可速為臨機必要之措置而大韓帝國政府為使右紀大日本國政之行動容易起見與以十分便利大日本帝國政府為達上項目的計得將軍略上必要之地點臨機收用。

第五條、兩國政府未經相互承認時不得與第三國協訂違反本協約精神之協定。

第六條、關於本協約未盡之條款得由大日本帝國代表與大韓帝國外務大臣臨機協訂之。

明治三十七年二月二十三日。

特　命全權公使　林權助

文武八年二月二十三日

外部大臣臨時署理　李址鎔

《日韓保護條約》（譯自《滿洲建國》）

第一條、日本國政府由在東京外務省監理指揮今後關於韓國之事務日本國之外交代表者及領事得保護在外國之韓國臣民及其利益。

第二條、日本國政府負責行韓國與其他國間現存條約之任韓國政府今後倘無日本之介紹不得與其他國私訂有國際性之條約或協定。

第三條、日本國政府派統監一名於韓國皇帝陛下之闕下專理關於外交之事項駐於京城有內謁韓國皇帝陛下之權利日本國政府對於韓國之各港開發及其他日本帝國政府認為必要之地有置理事官之權利理事官於統監指揮下執行從來領事所屬之一切職權更為完全實行本協約之條款起見並掌理一切事務。

第四條、日本與韓國間現存之條約及協定倘未與本協約之條款有抵觸者其效力得繼續之。

第五條、日本國政府保證韓國皇室之安寧及尊嚴。

右以各該本國政府委任者記名調印本協約為證。

明治三十八年十一月十七日　　特命全權公使　林權助

光武九年十一月十七日　　外部大臣　朴齋純

上列條文，係日本亡韓時，所訂之兩種協約，結果，併朝鮮為保護國，如詳察本年九月十五日，被迫下之偽國和日本所訂之《日滿議定文》，更是非常顯明的，日本以亡韓之先例，要以滿洲其一手造成

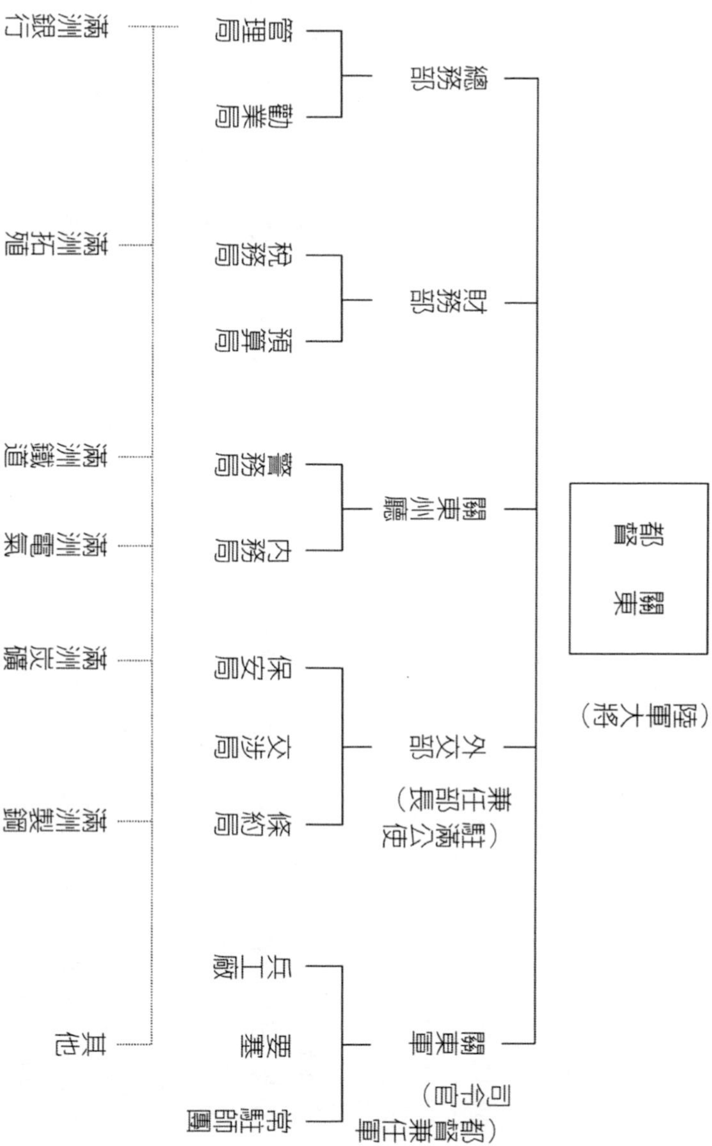

（見高木南峰著《滿洲建國》三四頁）

之偽國為其保護國，確無疑義，日本在派遣武藤信義來滿以前，即確定今後對滿之政策，取消滿洲四頭政治，統一在滿之日本機關，名為「滿鮮一元政策」，陣容為之一新，儼然為在滿洲之總督府，以此為併吞我東北為日本保護國之先鋒，茲將在滿之日本機關統一圖解列後，即可知其滅我之新陣容，較日本亡韓時，實酷辣過之。

日本既有上述之在滿統一機關，復有九月十五日簽訂之《日滿議定書》，日本是顯以滿洲為保護國，認其一手造成之偽組織，為日尚淺，內政之整頓或對外之折衝，均未能到獨立獨步自活自營之常態，因此不能不充分保護之，這是自然鄰邦之責任，且為正義人道計，亦當予以扶持之，所以應從早簽訂《日滿保護條約》，其簽訂內容之限度，至少當為以下之三項：

一、外交之日本帝國委任。
二、國防之日本帝國委任。
三、交通之日本特殊會社委託。

以上是日本要併吞我東北之強詞奪理，日本既將偽組織之國家基本人格，完全剝奪，尚有何獨立國家之可言？今日本掩耳盜鈴，自造自認，同時代辦國防，實行永久駐兵，這是完全以保護國待之，日本則更不啻同時承認，同時併為保護國，實為天下之最大滑稽，為古今中外所僅見，此次「日滿」所定之基本條約，實質就是昔年之「日韓議定書」，試觀上述之原文，其中一段曰「大日本帝國政府，確實保障大韓帝國之獨立及領土保全」而實際日本確取得對外息內亂之臨機措置權，及得收取軍事上之必需地，併為保護國矣，輕描淡寫的六條協約，斷送了朝鮮大好河山，以今視昔，如出一轍，所謂《日滿議定書》，不過是日本併我為保護國之第一章耳。

結論

日本之武力佔領東北，絕非一時偶然之衝突，乃其三十年來所抱之「大陸政策」趁我天災頻仍之期，一舉而發動其有準備有計劃之武裝侵略，此昭然若揭之事實無庸申述者，佔領迄今已屆週歲，增設統監承認偽國暴日不顧一切均悍然為之矣，而我國忍受至今，毫無根本應付辦法，在東北之同胞，仍終日呻吟於日軍鐵蹄之下，朝夕企盼出於水深火然中，滿腔熱血，無時無刻不望政府及國內同胞，速遣勁旅，收復失地，解此倒懸，而我國上下，竟不出此，雖政府大唱「精誠團結」，民眾主張「廢止內戰」，事實上效果毫無，日人造向世界宣傳中國為無組織之國家，其視中國人直牛為耳，東三省為華北之屏藩，唇亡齒寒，關係至切，我國因受不平等條約之影響，門戶洞開已久，國防基礎毫無，時至今日，內憂外患，相逼而來，舉國各派仍勾心鬥角，各行其是，如再不能勵精圖治，一心一德，共赴國難，雪此奇恥，非特不能禦侮救國收復失地，恐不久將同歸於盡矣，要知日本之佔領東三省，絕非其最後之企圖，國人即應覺悟，痛下決心，欲救東北，欲保我版圖之勿淪入異族之手，惟有充實自己之力量，挽此頹勢，東北民眾，現受亡國之慘，任何犧牲，皆所不辭，所謂日人一手獨造之「滿洲國」，純為日軍佔領下產生之畸形滑稽之組織，所謂「民意」、「自決」均為顛倒真相，騙人欺世之宣傳，自不值識者之一笑，反之，苟揭穿偽國之內幕，實無一處可發見可認為有政治形體之意義者，溥儀輩傀儡登場，又出於日人之玩弄把戲，一切均操於日本軍閥之手，使我全國切齒痛憤，此次日本之承認偽國，不過表示其侵略之決心，與宣告國聯之死刑耳。

附錄一：國民政府否認偽國宣言集錄

外交部致日使照會（一）

【二月二十四日】

為照會事，近日據報，在日軍侵佔中之東北各地，有所謂獨立運動之積極醞釀，而國聯行政院二月十九日開會時，日本代表佐藤，竟聲稱日本對於東北獨立運動，頗表同情，並予以贊助等語，查中國政府會於去年十月二日，正式聲明，在日軍未正式交還其所佔領各地方城市以前，當地如有不合法之組織，日本政府應負其責，中國概不承認，並屢次向貴國為鄭重之抗議在案，又查上年九月二十七日，據東京中國公使館丁秘書為東省建立中和國事，往晤谷亞細亞局長，據稱，已嚴禁日人參與，否則驅逐出境，嗣蔣公使關於滿蒙建國計劃事，又備文送貴國政府聲明，日政府在未撤兵前，對此應負全責，准復稱，嚴禁日人獎勵支持或參與華人樹立政權之策動，等語，乃近日所謂東省獨立運動之陰謀，較前查為顯著，而日本代表佐藤，竟公然自承日本贊助此種非法運動，似此違反貴國外交當局之聲明，破壞中國領土行政之完整，中國政府絕將不能承認，所有自日軍非法侵佔東北各地後，在該處建立所謂獨立，或自主政府之舉動，及令中國人民參加此種傀儡之組織，日本政府應負完全責任，相應再行提出嚴重照會抗議，照會貴公使，即希查照為荷，須至照會者。

日使覆外部照會

【昭和七年二月二十八日】

為照復事，接准二月二十四日來照，所指關於所謂滿洲獨立運動一節，業經閱悉，查滿洲各地所謂獨立運動者，應視為係一向不滿該處政治情形之貴國人所為之事，敝國政府及官員，並無此等關係，茲特說明，又准來照，以二月十九日佐藤代表在國聯行政院宣稱，日本對於東三省之獨立運動，具有同情等因，查敝會未接詳報，假令上項情形屬實，其意係亦不外表示上述滿洲各地成立自治運動，其發達之結果，使該處地方治安，得以恢復，當地居民及外僑，免受驚擾，為日本所歡迎，並表非示日本政府對於上項運動，有若何之關係也，相應照復貴部長查照為荷，須至照會者。

外交部致日使照會（二）

【二十一年三月十日發】

為照會事，准二月二十八日來照，對於本部二月二十四日抗議日本贊助所謂東三省獨立運動，去照多所聲辯。茲再以本案之真相，表明貴國政府及官員應負之責任。查上年九月十八日以前，敝國政府任命軍民長官在東三省行使職權，中外人民安居樂業從無驚擾之事。自九月十八日以後，日軍非法侵佔東北各地、在東省建樹軍權、推翻中國行政機關、令中國人民為非法之組織，其偽省政府及其所屬財政交通等各偽機關之領袖雖屬華人，但其就偽職實由貴國政府及官員所威脅，間有少數叛徒亦係受嗾使，完全為貴國政府及官負此利用，而各偽機關實權利皆操諸所謂顧問諮議之手，該顧問諮議又全係貴國人，均為貴國政府及官員所派定，貴國方面復派員將廢清帝溥儀由天律挾持赴東，竟於本月九日就偽職成立傀儡政府，足徵貴國政府及官員對於上述非法舉動，不僅為佐藤代表在國聯行政院所稱予以贊助而已，且實為其主動者，此為舉世所知、不容諱飾之查確事實，乃來照謂與之並無何等關係，實屬欲蓋彌彰。佐藤代表在國聯行政院宣稱日本政府贊助所謂東三省獨立運動之不合，已於二月二十四日去照詳切聲明。而上年九月十八日以前，東三省居民及外僑之安全，中國政府任命軍民長官保護至周，無可訾議。至來照復有所籍口，以為佐藤代表所言之辯，誰是欲諉卸九月十八日以後日軍糜爛東三省各地之責任也，尤屬不合。總之日軍非法侵佔東北各地，顯係破壞中國領土行政之完整。故在該項日軍未撤退期間，關中國政府對於在該處建立之此謂獨立或自主政府之舉動及令中國人民參加此種傀儡之組織，仍絕對不能承認，應由貴國政府負其全責，相應再行照會貴公，使查照須至照會者。

國民政府封於東三省成立傀儡政府始終認為叛亂機關其一切非法行為並應由日本政府負其全責宣言

【二十一年三月十二日】

自上年九月十八日以後，日本非法侵佔東北各地、威脅中國人民，利用少數叛徒為非法之組織，復將廢清帝溥儀挾持赴東省，令其就偽職成立傀儡政府。中國政府及人民概不承認，業經中國政府發表宣言，認為叛亂機關並迭向日使嚴提抗議聲明，日政府應負其全責。查溥儀等之甘為傀儡，固應依服膺法處以叛逆之罪，惟在日本以武力侵佔東北各地所造之狀態之下，所有一切偽政府之級織皆日本方面脅誘而成，其實權則操諸所謂日本顧問諮議及其他日人之手，是此種非法行為完全出於日本之主動，此為舉世皆知、不可掩飾之事實。其破壞中國領土主權之完整、違反國聯盟約《九國公約》及國聯行政院迭次決議案，實屬毫無疑義。故在日本軍隊非法佔領東三省期間，所有該處政治組織，中國政府始終認為叛亂機關，同時並認為日本政府變相的附屬機關對於其一切非法行為絕對不能承，並應由日本政府負其全責特此宣言。

外交部否認偽國宣言

東三省向為中國領土之一部，凡有僭越或干涉該地之行政權者，即為直接侵害中國領土與行政權之完整，查民國十七年十月四日，國民政府組織法第一條規定，國民政府總攬中華民國之治權，復查民國二十年六月一日公布之中華民國訓政時規約法，其第一條明白規定，中華民國領土為各省及蒙古西藏其第三條且進而規定中華民國永為統一共和國，凡此根本大法，均曾在東三省及其他中國各省正式頒布者也，更進就國際法言之，則領土主權與行政之完整要為一切主權國家所必具之要素，而中國領土主權與行政之完整，則復經國聯盟約第十條及《九國公約》第一條所保證，不第此也，去歲九月三十日國聯行政院關於東案決議之第二項，即稱日政府宣言對滿洲無領土野心，行政院認為重要，其第五項復申稱行政院知悉中日雙方代表已給保證，為雙方政府將採取一切必要之步驟，以防止事件之擴大及形勢之更加嚴重，此項決議固為日本所接受者，嗣後十月二十四日行政院第二次決議之第三項，及十二月十日行政院第三次決議，均曾將上旨反覆申述，十二月十日之決議，回又為日本所接受，其時中國代表且曾若下列之聲明，中國對於日本之一切計劃，意欲引起政治性之糾紛，以影響中國領土行政之完整「如聳動滿洲獨立運動」者，均將認為違犯其避免形勢加重之承諾，乃日本當局不顧一切法律國際協定與國際信義，於非法侵略東省後，更謀在該處建立所謂獨立政府，且竭其全力強迫中國人民違反其個人之自由意志，以參加此種傀儡之組織，國民政府對於日本此種不法之舉動，曾屢次為嚴重之抗議，今特再行宣言，凡東三省成其一部分之分離成獨立，與夫東三省內之一切行政組織，未經國民政府授權或同意者，一律否認之。

國民政府行政院對日本決議承認偽國之宣言

【六月十七日】

行政院據報，日本議會已決議承認偽滿洲國政府，中國政府聞悉之下，不勝駭怪，所謂滿洲國政府，成立於日本軍力扶持之下，由日本之顯問諮議掌糧實權，其為日本所製造之傀儡組織，本早已昭然於全世界人之耳目，無待於此次之承認然援證實，中國政府亦早經迭次宣言否認，此次日本政府乃竟拋棄最後之面具，明目張膽，承認偽國，此種行為，不獨對中國為最顯然之侵襲，抑且將國聯盟約及九國公約，完全撕毀，引起大戰，棄世界各國國民慘澹經營之和平保障機構，施以澈底之破壞，並對將來世界和平運動之努力，予以精神上之致命打擊，中國民眾自來對於世界和平組織始終維護，對於日本此種行為，決定不顧任何犧牲，堅決反對，如因日本此種行為而引起之一切糾紛，應由自製造而自承認之日本政府負其完全責任，汪兆銘。

外交部宣言

東三省偽組織，完全為日本政府以武力所造成，其實權確操於日人之手，自該偽組織領袖溥儀以下，無不仰日人之鼻息，而受日本政府之指導，日本與該偽組織自始即為一體，已成舉世所知不容掩飾之事實，迭經中國政府鄭重聲明，並正式照會日本政府，以該偽組織為日本政府之傀儡，其叛逆行為，應由日本政府負責，中國政府斷不能承認在案，茲據報告日本各界力請政府即速承認東省偽組織，復經日本議會提案通過，是直以上述日本政府所為之非法事實猶為未足，進而謀為承認，冀以一手掩盡天下耳目，而便於襲用其亡韓之故智，如日本政府果從其請，而竟承認該偽組織，則其在國聯迭次聲明，對於東省並無圖謀領土之意及其迭次照會中國政府，謂該偽組織與日本政府並無何等關係等語，益是證明完全為欺飾之詞，而其破壞中國主權與獨立暨領土與行政之完整，違反《九國公約》，以及蔑視國聯迭次決議案之行為。尤為顯著，中國政府除以最嚴厲之國法處置該偽組織外，對於日本在東省之前後非法行為，始終認為武力侵略之一貫，深信上述公約簽字國，國聯會員國，以及世界其他各國，決不容許日本成任何國家憑藉武力按其預定步驟，以完成其侵略之野心也。

外交部對日本承認偽國照會簽署《九國公約》國家之內容

「因日本於十五日宣布承認其在中國東三省所造成維持與管理之偽組織所謂之『滿洲國』，並因日本發表彼與其傀儡所締之條約，企圖在滿洲設立一實際的保護國，以致促成嚴重之情勢，日本此種帝國主義無顧忌的行為，在其一年來所犯之國際過錯外，另又增加一最有禍害之舉，日本舉動不僅撥奪中國主權，旦不斷違犯極重要之國際條約，包括一九二二年在華盛頓所締結之《九國公約》」，照會繼述去年九一八以來之事件，稱日軍行動逐漸擴充至三千萬華人居住之領土，以武方潛取中國政府政權，並設立偽攻府，日方種種行動，無一日不在增重其過惡，日本前後所犯罪辜，至現時承認所謂之「滿洲國」已達到頂點，此項偽政府純係日軍侵略造成之工具，滿洲民眾常在日軍壓迫與恫嚇之下，如日軍一旦撤去，其所謂「滿洲國」，將完全消滅，中國又援引《九國公約》第一條，稱日本行動直接違犯該約，毫無疑義，「日本不但以中國為犧牲，且有意抹煞世界公論，卸脫其對他國之莊嚴義務」，日本攫取中國四十萬方美里之領土，並蔑視友邦勸告，正式承認其所造成之非法組織，如簽約國聽任日方行動，不加阻止，認條約為廢紙，其結果殊屬不堪設想，「世界和平將受不祥之威脅。」

日本承認偽國後我國對日抗議全文

自去年九月十八之夕，日本軍隊按照預定計劃，突然轟擊瀋陽城，以後，日本政府著著進行，使東三省之局勢，日趨嚴重。不僅中國主權受極度之蹂躪，即國際條約神聖之原則，亦為之根本動搖，世界和平亦遭悲痛之打擊：去年九月三十日，國際聯合會行政院之決議，促令日本政府不再使局勢愈趨嚴重，並應自其遼吉兩省所佔之地，將軍隊撤至鐵路區域以內，日本政府且亦自己承認此決議，但行政院決議甫經通過，日本軍隊立即隨之而擴大行動，進佔東北各省土地，包括齊齊哈爾，及黑省內之其他重要城邑，十一月間，暴變發於天津，斯則天津日租界人員實有以引致之，去年十二月十日，國際聯合會行政院以日本之同意，重申誥誡，不許再行擴大局勢，並決議，日本軍隊應及早撤至鐵路區域以內，日本政府對於此項決議，則報之以侵犯更甚之活動，其範圍不僅限於東三省，且波及於離發難地點甚遠之區域錦州，哈爾濱，及東省其他軍事要塞，均無不受日本軍隊之炸擊，最後乃至奪據而後已，本年一月終，劇烈之戰爭行動，起於上海，日本海軍陸戰隊實為戎首，日本竟增派陸軍至數師之眾，以致生命財產損失無算，日本既以武力掠據東三省之全部，乃從事於傀儡組織之製造，謂之曰「滿洲國」，而使溥儀為之主，一切實權，則操之於向東京政府負責之官吏之手，自是攫奪我鐵路，截留我關鹽及其他稅款，破壞我郵務，屠戮壓迫我人民，恣意消滅我財產，以及其他一切非法行動，盡以「滿洲國」之名義行之，實則主之者乃効忠日本政府或受日本政府所支配之人也，日本在中國每次侵華舉動，中國政府無不向之提出嚴重抗議，喚起其對自身所負重大責任之注意，無如日本對於此類抗議，非特漠然置之，反報以侵略更甚之行動，世界各國對於其用武力擴展疆土之政策，亦曾一再予以警告，本年一月之初，美國政府曾正式宣布，「美國不能承認任何事實的局面為合法，凡用違反一九二八年八月二十七日巴黎公約規定與義務之方法，而造成之局面，條約，或協定，美國均不承認之」，二月十六日，國際聯合會行政院十二代表宣言，「凡蔑視國際聯合會盟約第十條，而侵犯會員國土地之完整，及變更其政治之獨立者，其他會員國均不應認為有效」，三月十一日國際聯合會一致決議，「凡因違反國際聯合盟約，或巴黎公約之方法，而造成之局麵條約或協定，國際聯合會會員國有不予承認之義務」，又「中日爭端若在任何一方軍力壓迫之下覓取解決，實與盟約精神相違背」，日本政府不顧友邦之忠言與警告，不顧國際聯合會之決議與訓誡，不顧人類之公論，現更將於其黷武主義所產生之傀儡組織，悍然加以正式承認，並與之締結所謂條約，俾日本有駐兵東省之權，藉以淪陷東三省於日本保護國之地位，國際聯合會依照去年十二月十日行政院通過，而經日本接受之決議所委派之調查團，以日本政府代表之協助，往事工作，今當該調查團工作甫竣，國際聯合會尚未加以討論之際，日本遽行承認偽組織，此項舉動，一面適足以增加其罪？一面無異將國際聯合會之權威，為侮辱性之挑戰，殊不知國聯之判斷，依真理與公平為歸宿也，日本悍然施行其暴力的殘疾與征服的政策，其責任之重大，在近世國際關係之歷史上，罕與倫比，茲舉其犖犖大者如下：

（一）日本已違犯國際公法之基本原則，蓋日本已破壞中華民國領土之完整，攫奪中國之政治與行政權也。

（二）日本已違犯法律之初步原則，與代道觀念，蓋日本已殺傷無數中國人命，毀損現時尚難統計之中國公私財產也。

（三）日本已違犯國際聯合會盟約，蓋在該盟約中，各會員國曾擔任尊重，並保持所有聯合會各會員國之領土完整，及現有政治上獨立，以防禦外侮之侵犯也。

（四）日本已違犯《非戰公約》，蓋在該約中，各締約國會鄭重聲明，放棄以戰爭為彼此間施行國家政策之工具，並互允各國間設有爭端，不論如何性質，因何發端，祇可用和平方法解決之也。

（五）日本已違犯民國十一年簽訂之《九國條約》，蓋在該條約中各歸約國，除中國外，曾允尊重中國之主權獨立，以及領土行政之完整也。

（六）日本已違犯其自為之誓約，蓋日本曾聲明，在東省無領土企圖，且允於最速期間內，將所有之日軍撤至鐵路區域內也。

（七）日本已違犯國際聯合會歷次訓誡，蓋國際聯合會一再誥誡日本，不得就其因侵犯中國而造成之形勢，再使擴大與惡化也，對於日本自去年九月十八日轟擊瀋陽城，至本年九月十五日承認偽組織所有一切侵犯行為，及其發生任何結果，中國政府當令日本政府擔負完全責任，中國政府並保留其現狀下國際公法與條約下所付與之權利。

附錄二：偽國成立宣言及對外通告

滿洲國建國宣言

想我滿蒙各地，屬在遙陲，開國錦遠，徵諸往籍，分併可稽，地質膏腴，民風樸茂，迨經開放，生聚日繁，物產豐饒，實為奧府，乃自辛亥革命，共和民國成立以來，東省軍閥，乘中原變亂之機，攫取政權，據三省為己有，貅貔相繼，竟將二十年，狼屬貧婪，驕奢淫佚，罔顧民生之休戚一惟私利之是圖，內則暴斂橫征，恣意揮霍，以致幣制紊亂，百業凋零，且復時逞野心，進兵關內，擾害地方，傷殘民命，一再敗衄，猶不悛悔，外則蔑棄信義，開釁鄰邦，夙昧視仁之規，專取排外為事，加以警政不修，盜匪橫行，遍於四境，所至擄掠焚殺，村里一空，老弱溝室，餓莩載途，以我滿蒙三千萬之民眾，託命於此殘暴無法區域之內，待死而已，何能自脫，今者何幸，假手鄰師，驅茲醜類，舉積年軍閥盤踞秕政萃聚之地，一旦廓而清之，此天予我滿蒙之民蘇息之良機，吾人所當奮然興起，邁往無前，以圖更始在耳，惟是內顧中原，自改革以還，初則群雄角逐，爭戰頻年，近則一黨專橫，把持國政，何曰民生，惟利是專，何曰民族，但知有黨，既曰天下為公，又曰以黨治國，矛盾乖謬，自欺欺人，積種詐偽，不勝究詰，比來內鬨迭起，疆土分崩，黨且不能自存，國何能顧，於是赤匪橫行，災變薦告，毒痛海內，民怨沸騰，無不痛心疾首於政體之不良，而追思曩昔政治清明之會，直如唐虞三代之遠，不可幾及，此我各友邦共所目睹，而同深感歎者也，夫以二十年試驗所得其結果一至於此，亦可廢然返矣，乃猶諱疾忌醫，怙其舊惡，藉詞民意從違未可遏抑然艱縱其所之，非侵至於共産以自陷於亡國滅種之地而不已，今我滿蒙民眾，以天賦之機緣，而不力求振拔，以自脫於政治萬惡國家範圍之外，勢必載胥及溺，同歸於盡而已，數月來幾經集合，奉天、吉林，黑龍江，熱河，東省特別區，蒙古各盟旗官紳士民，詳加究討，意志趨一致，以為為政不取多言，只視實行如何，政體不分何等，只以安集為主，滿蒙舊時，本另為一國，今以時局之必要，不能不自謀樹立，應即以三千萬民眾之意向，即日宣告與中華民國脫離關係，創立滿洲國，茲特將建設綱要，昭布中外，咸使一聞知，竊維政本於道，道本於天，新國京建設之旨，一以順天安民為主，施政必徇真正之民意，不容私見之或存，凡在新國家領土之內居住者皆無種族之歧視尊卑之分別，除原有之漢族，滿族，蒙族及日本朝鮮各族外，即其他國人願長久居留者，亦得享平等之待過，保障其應得之權利，不使其有絲毫之侵損，並竭力剷除往日黑暗之政治求法律之改良，勵行地方自治，廣收人才，登用賢俊，獎勵實業，統一金融，開闢富源，維持生計，調練警兵肅清匪禍，更進而言教育之普及，則當惟禮教之是崇，實行王道主義，必使境內一切民族，熙熙皞皞，如登春臺保東亞永久之光榮，為世界政治之模型其對外政策，則尊重信義，力求親睦凡國際間舊有之通例無不敬謹遵守，其中華民國之前，與各國所定條約債務之屬於滿蒙新國領土以內者，皆照國際慣例，繼續承認，其有自願投資於我新國境內，創興商業，開拓利源，無論何國，一律歡迎，以達門戶開放機會均等之實際，以上宣布各節，為新國家立國主要之大綱，自新國家成立之日起，與當由新組之政府，負其責任，以極誠懇之表示，向三千萬民眾之前，宣誓實行，天地鑒鑒，無渝此言。

大同元年三月一日

滿洲國政府

滿洲國執政宣言

人類必重道德，然有種族之見，則抑人揚己，而道德薄矣，人類必重仁愛，然有國際之爭，則損人利己，而仁愛薄矣，今立吾國，以道德仁愛為主，除去種族之見，除去種族之見，國際之爭，王道東土，當可見諸實事，凡我國人，望共勉之。

大同元年三月九日

滿洲國執政溥儀

對外通告

敬啟者，茲因奉天吉林黑龍江熱河東省特區蒙古各旗號等全體奮起組織獨立政府自一千九百三十二年三月一日起，與中華民國完全分離成立滿洲本總長得以此事奉告於貴外交總長至為光榮。

查奮日軍閥盤踞東北諸省罔顧人民之休戚惟私利之是圖內則暴斂橫征致人民於塗炎外則蠘棄信義，視各國為仇讎加以中原無統一之政府群雄角逐戰禍連年殺戮同胞民不聊生於是我滿洲國人乘此舊軍閥覆滅之機河心協力建設新國家故我滿洲國政府對內則力求法律制度之完備以保人民之安寧而增進其福利對外則遵守左列諸原則以期邦交之親睦而致世界於平和。

一、尊重信義事無大小皆本和睦親善之精神以處之以圖國際平和之維持與增進。

二、尊重國際信義遵守國際法規慣例。

三、在中華民國對於各國所有條約上之義務之中按照國際法及國際慣例如屬新國家應為繼承者自當即行繼承。

四、不侵害外國人在滿洲國領土內所有既得之權利自不待言對其生命財產尤當妥為保護。

五、外國人民有意來住滿洲國者均極歡迎之並對各民族予以平等公正之待遇。

六、對於各處之通商貿易務使其平易融洽以貢獻世界經濟之發展。

七、對於外國人在滿洲國之經濟活動遵守門戶開放主義。

以上諸端乃滿洲國建設之趣旨應請　貴國政府完全鑒諒並望即與我滿洲國正式成立外交關係不勝禱切之至此致。

大同元年三月十二日

滿洲國外交部總長謝介石

本通告業經分致左列各國外務大臣或外交總長

英吉利、美利堅、日本、法蘭西、德意志、

蘇維埃、奧地利、比利時、丹麥、愛沙尼亞、
義大利、里伏尼亞、利蘇尼亞、荷蘭、波斯、
葡萄牙、亦哈

附錄三：偽國組織一覽

一、偽國政體

（一）國體：立憲民主制

（二）政體：聯省自治

（三）國名：滿洲國

（四）年號：大同

（五）首部：長春

（六）國旗：新五色國旗（見下圖）

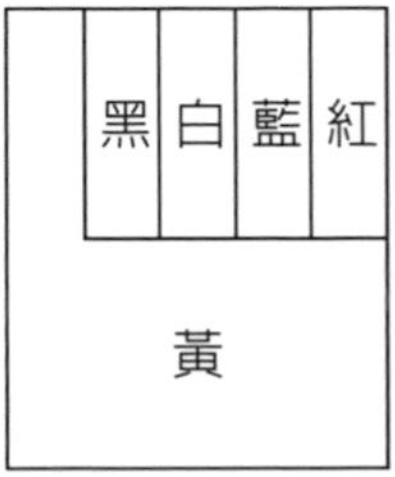

（七）國歌：滿洲國歌（日人田耕製譜、鄭孝胥作歌）

地闢兮天開，松之涯兮白之隈，我伸大義兮繩於組武，我行博爱兮懷於九垓，善守國兮以仁，不善守兮以兵，天不爱道地不爱寶，貨惡其棄於地兮，獻諸蒼昊，孰非横耳之民兮，視此洪造。

二、偽國組織系統

（如表一）

三、偽國各省組織系統

（如表二）

四、偽國地方行政系統

（一）省——縣市——區——村

（二）東省特別區——市——村

（三）興安省——興安分省

（四）盟——部——旗

表一

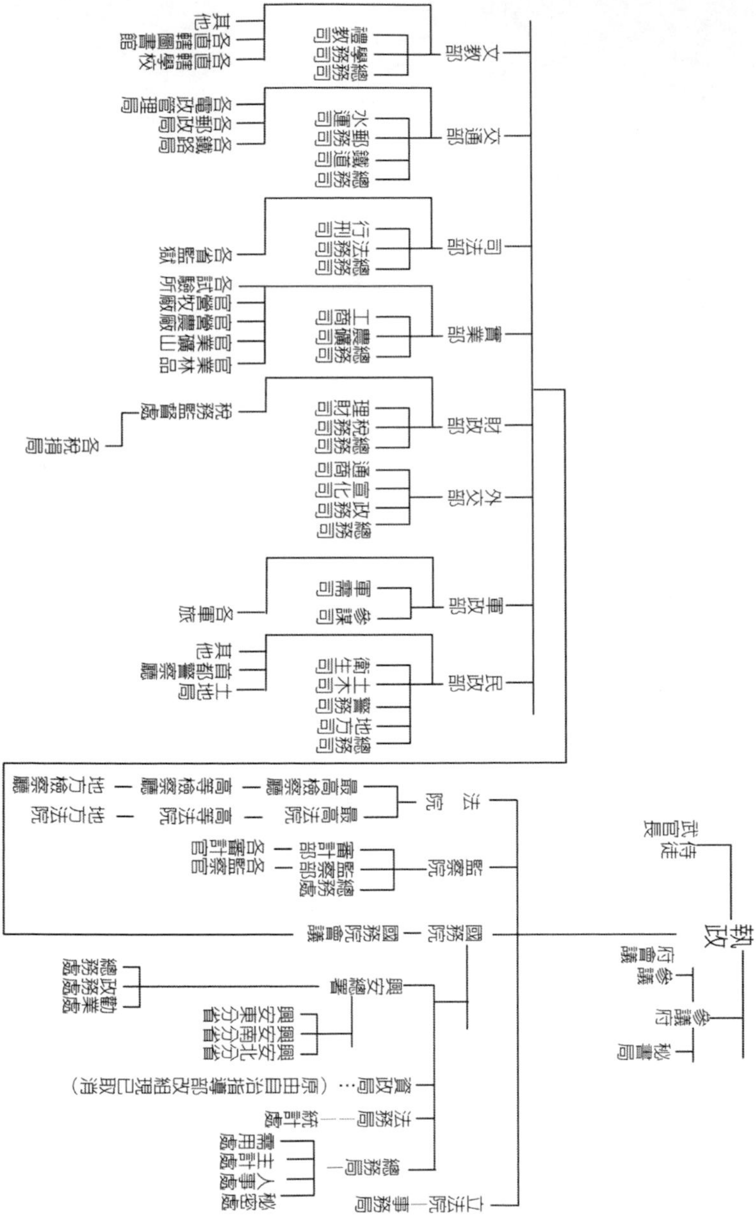

執政
參議府
府會議
參議
秘書局
侍從武官長
國務院
國務院會議
民政部
總務司
地方司
警務司
土木司
衛生司
土地局
首都警察廳
其他
軍政部
參謀司
軍需司
各軍旅
外交部
總務司
政務司
宣化司
通商司
財政部
總務司
稅務司
理財司
稅務監督處
各稅捐局
實業部
總務司
農礦司
工商司
官業林品
官業礦山
官營農廠
官營牧廠
各試驗所
司法部
總務司
法務司
行刑司
各省監獄
交通部
總務司
鐵道司
郵務司
水運司
各鐵路局
各郵政局
各電政管理局
文教部
總務司
學務司
禮教司
各直轄學校
各直轄圖書館
其他
監察院
總務處
監察部
審計部
各監察官
各審計官
法院
最高法院
最高檢察廳
高等法院
高等檢察廳
地方法院
地方檢察廳
興安總署
總務處
政務處
勸業處
興安北分省
興安南分省
興安東分省
資政局……（原由自治指導部改組現已取消）
法務局
統計處
總務局
秘密處
人事處
主計處
需用處
立法院
事務局

表二

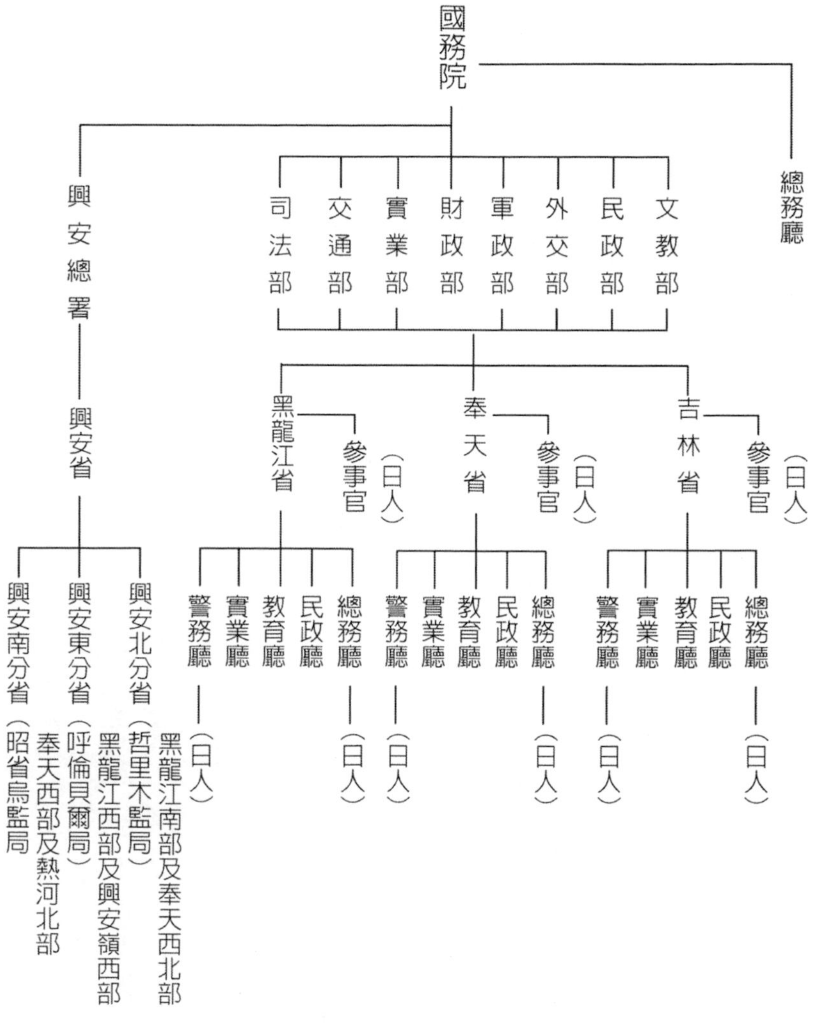
國務院
總務廳
興安總署
興安省
興安北分省（哲里木監局）
黑龍江南部及奉天西北部
興安東分省（呼倫貝爾局）
黑龍江西部及興安嶺西部
興安南分省（昭省烏監局）
奉天西部及熱河北部
司法部
交通部
實業部
財政部
軍政部
外交部
民政部
文教部
黑龍江省
參事官（日人）
警務廳（日人）
實業廳
教育廳
民政廳
總務廳（日人）
奉天省
參事官（日人）
警務廳（日人）
實業廳
教育廳
民政廳
總務廳（日人）
吉林省
參事官（日人）
警務廳（日人）
實業廳
教育廳
民政廳
總務廳（日人）

五、偽國組織法

執政令

茲發布政府組織法以為治滿洲國國政之根本法本法俟將來採取人民智識大意制定滿洲國績法時即行廢止，此令

執政溥儀印

大同元年三月九日

國務總理　鄭孝胥

教令第一號

政府組織法

第一章　執政

第一條、執政統治滿洲國。

第二條、執政代表滿洲國。

第三條、執政對於全人民負責任。

第四條、執政由全人民推舉之。

第五條、執政依立法院之翼贊行立法權。

第六條、執政統督國務院行行政權。

第七條、執政依法律使法院行司法權。

第八條、執政為維持增進公共之安寧福利或為執行法律發布命令或使發布之但不得以命令變更法律。

第九條、執政為維持公安或防遏非常災害起見在不能召集立法院時得經參議府之同意發布有與法律同一效力之緊急教令但此教令須於下次會期報告立法院。

第十條、執政定官制任免官吏並定其薪俸但依本法及其他法律特定者不在此限。

第十一條、有宣戰媾和及締結條約之權。

第十二條、執政統率陸海空軍。

第十三條、執政有大赦特赦減刑及復權。

第二章　參議府

第十四條、參議府以參議組織之。

第十五條、參義府關於左開事項俟有執政諮詢提出其意見。

（一）法律

（二）教令

（三）預算

（四）與列國交涉之條約及合同並以執政名所行之對外宣言

（五）重要官吏之任免

（六）其他重要國務

第十六條、參議府關於重要國務得對於執政提出意見。

第三章　立法院

第十七條、立法院組織依法律另定之。

第十八條、所有法律案及預算案須經立法院之翼贊。

第十九條、立法院關於國務得建議於國務院。

第二十條、立法院得受理人民之請願。

第二十一條、立法院的執政每年召集之常會會期為一個月但有必要時執政得展期。

第二十二條、立法然非有議負總數三分之一以上出席不得開會。

第二十三條、立法院議事以出席議員之過半數決定之若可否同數時即由議長決定之。

第二十四條、立法院之會議公開之但得依國務院之要求或立法院之決議為祕密會。

第二十五條、立法院所議決之法律案及預算案由執政裁可令公布施行。立法院否決法律案或預算案時執政具其理由付諸再議仍不改時諮議府裁決可否。

第二十六條、立法院議員關於院內之言論及表決於院外不負責任。

第四章　國務院

第二十七條、國務院承執政命掌理諸般之行政。

第二十八條、國務院置民政外交軍政財務實業交通司法各部。

第二十九條、國務院置國務總理及各部總長。

第三十條、國務總理及各部總長無論何時得於立法院會議出席及發言但不得加入表決。

第三十一條、法律教令軍令及關於國務之教書由國務總理副署。

第五章　法院

第三十二條、法院依法律審判民事及刑事之訴訟但關於行政訴訟及其他特別訴訟以法律另定。

第三十三條、法院之構成及法官之資格以法律定之。

第三十四條、法官獨立行其職務。

第三十五條、法官除依刑事或懲戒裁制外不得免其職又不得反其意停職轉官及減俸。

第三十六條、法院之對審判決公開之但有害安寧秩序或風俗之虞時得法律或以法院之議決停止公開。

第六章　監察院

第三十七條、監察院行監察及審計。監察院之組織及職務以法律另定之。

第三十八條、監察院置監察官及審計官。

第三十九條、監察官及審計官除依刑事裁判或懲戒處分外不得免其職又不得反其意停職轉官及減俸。

附則

第四十條、本法自大同元年三月九日施行。

附錄四：偽國重要官吏一覽

姓名	英譯	職銜	機關	國籍	備考
溥儀	Henrt Puyi	執政	執政府	中	
市來乙彥	O. Ichirni	高等顧問	執政府	日	
金田駿	S. Toda	顧問	執政府	日	
坂垣征四郎	S. Itagnki	顧問	執政府	日	
小平總治	C. Ohera	內務官	執政府	日	
中島比多吉	H. Nakajima	諮議	執政府	日	
張海鵬	Chang Hai-Peng	侍從開官長	執政府	中	
張景惠	Chang Ching-hui	議長	參議府	中	
筑紫熊七	Y. Chikushi	參議	參議府	日	
羅振玉	Lo Chen yü	參議	參議府	中	
袁金鎧	Yuan Chin-Kai	參議	參議府	中	
貴福	Kwei Fu	參義	參議府	中	
荒井靜雄	S. Ataki	秘書長	參議府	日	
鄭孝胥	Cheng Hsiao-sü	國務總理	國務院	中	

姓名	英譯	職銜	機關	國籍	備考
駒井德三	T. Komai	總務長官	國務院	日	
阪谷希一	K. Sakataui	總務次長	國務院	日	
鄭垂	Cheng Tsui	秘書官	國務院	中	
鄭禹	Cheng yü	秘書官	國務院	中	
皆川豐治	T. Minagana	秘書處長	總務廳	日	
迫喜平次	H. Kumaki	人事處長	總務廳	日	
松田令輔	Matsuda	主計處長	總務廳	日	
隈元昂	G. Kuma	需用處長	總務廳	日	
松木俠	K. Matsuki	局長	法制局	日	
向井俊郎	S. Mukai	統計處長	法制局	日	
笠木良朋	Y. Knsaki	局長	資政局	日	
齊默特色木丕勒	Tsi mudasemupila	總長	興安總署	中	
菊竹實龍	J. Kikutake	次長	興安總署	日	
業喜海順	Yeshihaishun	分省長	興安南分省	中	
額勒春	Ngo Lė Chun	分省長	興安東分省	中	
凌陞	Ling Sheng	分省長	興安北分省	中	
趙欣伯	Chao chin-po	院長	立法院	中	
尾坂一佐	I. Osaka	事務局長	立法院	日	

姓名	英譯	職銜	機關	國籍	備考
于沖漢	Yü Chung Han	院長	監察院	中	
籐森圓鄉	Y. Fujimoü	總務處長	監察院	日	
品川主計	S. Shinagawa	監察部長	監察院	日	
寺崎英雄	S. Shirosaki	審計部長	監察院	日	
林棨	Lin Chi	院長	最高法院	中	
阿比留乾二	K. Abiru	顧問	最高法院	日	
李槃	Li Pan	廳長	最高檢察廳	中	
臧式毅	Tsang Shih yi	部長	民政部	中	
葆康	Pao Kang	次長	民政部	中	
中野琥逸	K. Nagano	總務司長	民政部	日	
長尾吉五郎	Y. Nagao	警務司長	民政部	日	
西本良雄	Y. Nishimoto	地方司長	民政部	日	
帆足萬洲男	M. Hoashi	土木司長	民政部	日	
三浦恕一郎	Y. Minra	衛生司長	民政部	日	
謝介石	Hsieh Chieh Shih	總長	外交部	台灣	
大橋忠一	S. Ohashi	次長	外交部	日	
田代昌德	S. Tashiro	總務司長	外交部	日	
川崎寅雄	T. Kawasaki	宣化司長	外交部	日	

姓名	英譯	職銜	機關	國籍	備考
神吉正一	M. Kamigoshi	政務司長	外交部	日	
張景惠	Chang Ching-hui	總長	軍政部	中	
張燕卿	Chang Yen Ching	總長	實業部	中	
孫其昌	Sun Chi Chang	次長	實業部	中	
籐山一雄	J. Fujiyama	總務司長	實業部	日	
松島鑒	K. Matsushama	農礦司長	實業部	日	
安倍菅一	S. Abe	工商司長	實業部	日	
馮涵清	Feng Han Ching	總長	司法部	中	
阿比留乾二	K. Abiru	總務司長	司法部	日	
栗木茂二	S. Kuriki	法務司長	司法部	日	
橫畑武吉	T. Yokohata	行型司長	司法部	日	
丁鑑脩	Ting Chien-Shiu	總長	交通部	中	
森田成元	N. Morita	鐵道司長	交通部	日	
籐原保明	H. Fujimara	郵政司長	交通部	日	
吉田九平	K. Yoshida	水運司長	交通部	日	
大幸近男	F. Oyuki	總務司長	交通部	日	
鄭孝胥	Cheng Hiao-Sü	總長	文教部	中	
西山政豬	M. Nishiyama	總務司長	文教部	日	

姓名	英譯	職銜	機關	國籍	備考
壽聿彭	Shou Yi-Peng	局長	土地局	中	
大賴戶權次郎	K. Oseto	總務處長	土地局	日	
山崎晃	M. Yamazaki	審察處長	土地局	日	
笠原九一	K. Kasahara	測量處長	土地局	日	
臧式毅	Tsang Shih-Yi	省長	奉天省	中	
金井章次	Kauai	總務廳長	奉天省	日	
熙治	Hsi Chia	省長	吉林省	中	
三浦碌郎	Minra	總務廳長	吉林省	日	
韓雲堦	Han Yun-Chieh	代理省長	黑龍江省	中	
岩崎	I. Wasaki	總務廳長	黑龍江省	日	
金璧東	Chin Pi Tung	市長	長春特別市	中	
闔傳紱	Yen Chuan-Fu	市長	瀋陽市	中	
呂榮寰	Lü Yung-Huan	市長	哈爾濱市	中	
鮑觀澄	Pao Kwan-Cheng	駐日代表		中	
榮厚	Yung Hon	總裁	中央銀行	中	
山成喬六	K. Yamanari	副總裁	中央銀行	日	
鷲尾磯一	I. Washio	理事	中央銀行	日	
武安福男	F. Takeyasn	理事	中央銀行	日	

姓名	英譯	職銜	機關	國籍	備考
五十嵐保司	H. Izarashi	理事	中央銀行	日	
吳恩培	Wu En-Pei	理事	中央銀行	中	
劉燏棻	Liu Chu-Fen	理事	中央銀行	中	
劉世忠	Liu Shih Chung	理事	中央銀行	中	
闞潮洗	Kan Chao-Shi	監事	中央銀行	中	
脩長餘	Shin Chang Yu	警察總監	偽首都警察廳	中	
嶋田郡平	K. Shimada	警務科長	偽首都警察廳	日	
中川正男	M. Nagakawa	保安科長	偽首都警察廳	日	
油井弟熊	T. Aburai	衛生科長	偽首都警察廳	日	
小林博	H. Kobayashi	特務科長	偽首都警察廳	日	
佐藤聽春	C. Sato	外事科長	偽首都警察廳	日	
平野真為	S. Herano	司法科長	偽首都警察廳	日	
藤井重郎	S. Fujü	學監	大同學院	日	
王家鼎		暑長	奉天稅務監督公暑	中	
三浦靖	Miura	副署長	同	日	
啓彬		署長	吉林稅務監督公署	中	
富田直耕	Tomida	副署長	同	日	
袁慶濂		署長	濱江稅務監督公署	中	

姓名	英譯	職銜	機關	國籍	備考
阪田純雄	Sokta	副署長	同	日	

附錄五：偽國日本官吏一覽

姓名	英譯	職銜	機關	備考
市耒乙彦	O. Ichirai	高等顧問	執政府	
多田駿	S. Toda	顧問	同	
坂垣征四郎	S. Itagaki	同	同	
小平總治	C. Ohera	内務官	同	
中島比多吉	H. Nakajima	諮議	同	
築紫熊七	Y. Chikushi	參議	參議府	
荒井靜雄	S. Araki	秘書處長	同	
渡邊正作	S. Watanabe	秘書官	同	
松原梅吉	U. Matsuwara	同	同	
駒井德三	T. Komai	總務長官	國務院	
阪谷希一	K. Sakataui	總務次長	同	
島崎庸一	Y. Shimagaki	事務官	同	
皆川豐治	T. Minagana	秘書處長	總務廳	
迫喜平次	H. Kumaki	人事處長	同	

姓名	英譯	職銜	機關	備考
松田令輔	C. Matsuda	主計處長	同	
隈元昂	G. Kuma	需用處長	同	
大迫幸男	V. Oseko	事務官	總務廳人事處	
馬迖信一	S. Umakome	同	同	
相川岩吉	I. Aikawa	同	同	
高松征二	S. Takamatsu	同	同	
牧野一男	K. Makino	同	總務廳主計處	
生松淨	I. Namamatsu	事務官	同	
古海忠之	S. Kokai	同	同	
田中倎	T. Tanaka	同	同	
宇山兵士	H. Uyama	同	同	
池宮城克慎	J. Ikeyama	同	同	
舟田清一郎	S. Funata	同	同	
橿尾信次	S. Kajio	同	同	
富永忠雄	S. Tominaga	同	同	
河島常夫	T. Kawajima	同	同	
戸谷泉也	S. Totani	同	總務廳需用處	
上野巍	K. Neno	事務官	同	

姓名	英譯	職銜	機關	備考
須崎治平	J. Susaki	同	同	
中島義貞	Y. Vagajima	同	同	
松田令輔	R. Matsuda	同	總務廳秘書處	
武田薰	K. Takeda	同	同	
本間有三	Y. Houma	同	同	
橫山並樹	N. Yokoyama	同	同	
吉永俊雄	S. Yoshivaga	同	同	
片倉和	W. Katakura	屬官	總務廳人事處	
山口安南	A. Yamaguchi	同	總務廳主計處	
所崎弘	H. Tokosaki	同	同	
山崎義男	Y. Yamagaki	同	同	
弘中忠夫	T. Hironaka	同	同	
渡邊勇	I. Watanabe	同	總務廳需用處	
宮垣文年	F. Miyagaki	同	同	
松木俠	K. Matsuki	局長	國務院法制局	
向井俊郎	S. Mukai	統計處長	同	
山田弘之	H. Yamada	參事官	同	
栗山茂二	S. Kuriyama	同	同	

姓名	英譯	職銜	機關	備考
飯澤重一	S. Jizawa	同	同	
田村征定	S. Tamura	同	同	
佐藤正一	S. Sato	同	同	
木田清	K. Kita	同	同	
木村鎮雄	S. Kimura	同	同	
槙田猷太郎	S. Muda	統計官	同	
原野是男	K. Harano	同	同	
近藤三男	S. Koudo	事務官	同	
石龜重憲	S. Ishikame		同	
井本幸一	K. Matsumoto	同	同	
栗木豐	T. Kuriki	屬官	同	
長友豐	T. Nagatomo	同	同	
工藤來	K. Kudo	同	同	
笠木良朋	Y. Kasaki	局長	國務院資政局	
八木沼	O. Yaki	弘法處長	同	
菊竹實龍	J. Kikutake	次長	興安總署	
白濱晴澄	S. Shirohama	總務處長	同	
原驥四郎	S. Haraki	勸業處長	同	

姓名	英譯	職銜	機關	備考
坂水梧郎	G. Sakamitsu	政務處長	同	
小島文友	F. Kojima	參與官	同	
淺野良三	Y. Asaro.	參與官	同	
中村撰一	S. Nakamura	同	同	
松岡信夫	S. Matsuoka	同	同	
吉爾嘎郎	S. Yoshiji	事務官	同	
川口清次郎	K. Kawakuchi	同	同	
五十嵐浩次郎	K. Izarashi	同	同	
青水英三郎	Y. Aoki	同	同	
和博薩敖	S. Wabaku	同	同	
服部茂樹	S. Hattori	同	同	
村永益美	M. Muranaga	總務處屬官		
片倉進	S. Katakura	總務處屬官	同	
前田信一	S. Mayeta	總務處屬官	同	
福島秀雄	H. Fushima	總務處屬官	同	
屬坂一佐	I. Osaka	事務局長	立法院	
籐森圓鄉	Y. Fujimoü	總務處長	監察院	
品川主計	S. Shinagawa	監察部長	同	

姓名	英譯	職銜	機關	備考
寺崎英雄	H. Teragaki	審計部長	同	
佐藤一	H. Sato	監察官	同	
中村寧	N. Nakamara	同	同	
瀨戶口英雄	Y. Seto	同	同	
高級信次郎	S. Takatsuna	審計官	同	
真田黃太郎	K. Mata	同	同	
石橋東洋雄	T. Ishibashi	同	同	
上登野謙三郎	K. Utono	同	同	
森田綱治	T. morita	同	同	
水原義雄	Y. Mitsnhara	同	同	
成崎貞藏	Y. Terasaki	同	同	
武岡嘉一	K. Takeoka	秘書官	同	
草地一雄	I. Kusaji	同	同	
疋田拾三	H. Heta	事務官	同	
成澤直亮	C. Narizawa	同	同	
外間政恒	M. Sotoma	同	同	
圓城寺半藏	T. Yenjoji	同	同	
田中幸造	K. Tanaka	總務處屬官	同	

姓名	英譯	職銜	機關	備考
外園半十郎	H. Sotoye	同	監察院	
稅所宏	H. Zesbo	監察部屬官	同	
木村廣吉	H. Kimura	同	同	
松田庄三郎	S. Mutsuda	審計部屬官	同	
屋宮為利	I. Okumiya	同	同	
中野琥逸	K. Nagano	總務司長	民政部	
長尾吉五郎	Y. Nagao	警務司長	同	
西本良雄	Y. Nishimoto	地方司長	同	
帆足万洲男	M. Hoashi	土木司長	同	
三浦恕一郎	Y. Minra	衛生司長	同	
江藤夏雄	N. Yeto	總務司調查科長	同	
竹內節雄	S. Takeuchi	總務司屬員	同	
和佐藏之助	K. Wasa	同	同	
石井靜人	S. Ishii	同	同	
廣川英治	Y. Herokawa	同	同	
上田知作	C. Lyeta	同	同	
武波善治	Z. Takenami	同	同	
牧野正午	M. Makino	同	同	

姓名	英譯	職銜	機關	備考
米村茂	S. Yonemura	同	同	
濱尾卓次	T. Hamao	同	同	
石田二郎	S. Ishida	地方司屬員	同	
西村忠雄	S. Nishimura	同	同	
齋藤繁	S. Saito	同	同	
大園長喜	N. Ozoye	同	同	
安藤金治	K. Audo	同	同	
坂下德道	T. Sakamoto	同	同	
村邊繁一	S. Murabe	警務司屬員	同	
坂上休次郎	K. Sakahami	同	同	
春日曾次	S. Kasuga	同	同	
野田豐一	T. Noda	同	同	
田中伊之介	I. Tanaka	同	同	
星子敏雄	B. Hoshio	同	同	
加藤志朗	S. Kato	同	同	
築谷年造	N. Chikuya	同	同	
吉成尊胤	S. Yoshinari	同	同	
荒武藤隆	R. Aramuto	同	同	

姓名	英譯	職銜	機關	備考
豐永和一郎	W. Toysnaga	同	同	
大林太久	T. Obayashi	同	同	
長谷川文吉	F. Hasegawa	同	同	
有田宗義	M. Arita	同	同	
中牟田信人	S. Nagamnta	土木司屬官	同	
都留國武	K. Tsurn	同	同	
蓮尾秀	H. Hasuo	同	同	
岩崎義雄	Y. Inasaki	同	同	
近藤安吉	A. Konto	技術科長	同	
太田哲夫	T. Ota	同	同	
都留國武	K. Toru	衛生司科長	同	
丹野保次	H. Tanno	衛生司屬員	同	
水野練太郎	L. Mizuno	高等顧問	財政部	
源田松三	M. Gento	稅務司長	同	
田中忝	S. Tanaka	理財司長	同	
星野直樹	C. Hoshino	總務司長	同	
近森監介	K. Koumori	稅務司屬員	同	
森本森太郎	M. Morimoto	同	同	

姓名	英譯	職銜	機關	備考
高橋剛	K. Takahashi	同	同	
末永善三	Y. Sugenaga	同	同	
山内竹雄	T. Yamanici	同	同	
海度弘一	H. Umitai	同	同	
玉成進	S. Tamanari	同	同	
長友利雄	T. Nagetomo	同	同	
渡邊一溝	I. Watanabe	稅務司辦事	同	
山梨武夫	T. Yamanashi	同	同	
永井哲夫	T. Nagai	同	同	
田村敏雄	T. Tamara	同	同	
吳山喜兵衛	K. Okuyana	理財司	同	
渡邊一清	I. Watabe	同	同	
富樫甚作	J. Tomikashi	同	同	
田中龜藏	K. Tanaka	同	同	
山中岩次郎	I Yamanaka	同	同	
瀧本治三郎	J. Takimoto	同	同	
天野作藏	S. Amano	同	同	
富田直耕	C. Tomita	總務司	同	

姓名	英譯	職銜	機關	備考
松谷貞太郎	T. Matsutani	同	同	
上加世田成法	N. Kakaseta	同	同	
藤井唐三	T. Fujü	同	同	
大杉俊一	S. Osugi	同	同	
岡本武德	T. Okamoto	同	同	
小松喬太郎	K. Komatsu	同	同	
多田駿	S. Tada	高等顧問	軍政部	
村田立雄	T. Murata	同	同	
坂垣征四郎	S. Hagaki	同	同	
大橋忠一	S. Ohashi	次長	外交部	
田代昌德	M. Trshiro	總務司長	同	
川崎寅雄	T. Kawasaki	宣化司長	同	
神吉正一	M. Kuniyoshi	政務司長	同	
深井富之助	T. Fukai	總務司辦事	同	
田原義夫	Y. Tahara	宣化司辦事	同	
下村信貞	S. Shimomura	事務官	同	
梅谷斌雄	T. Umeya	同	同	
松木益雄	M. Mateuki	同	同	

姓名	英譯	職銜	機關	備考
前山增雄	M. Mayeyama	同	同	
森田成元	N. Morita	鐵道司長	交通部	
藤原保明	H. Fujinara	郵政司長	同	
大幸近勇	F. Oyuki	總務司長	同	
吉田九平	K. Yoshida	水運司長	同	
倉岡寅雄	T. Kuraoka	郵務司	同	
榎戶國光	K. Kato	同	同	
並木敬吉	K. Namiki	同	同	
北村正	S. Kitamura	同	同	
三崎一郎	I. Misaky	同	同	
高橋大麓	O. Takahashi	同	同	
石井良一	Y. Ishii	鐵道司	同	
新谷室一	M. Niitani	同	同	
馬淵孝沼	K. Mabuchi	同	同	
工藤勇一	Y. Kudo	同	同	
森豐	T. Mori	同	同	
古坂建吉	K. Kosaka	同	同	
須田穰沼	J. Suta	同	同	

姓名	英譯	職銜	機關	備考
仲本正彥	S. Nakamoto	總務司	同	
石龜好夫	Y. Ishikam	同	同	
武知俊幸	S. Takechi	同	同	
代谷藤三	F. Yushiya	事務官	同	
時吉秀雄	H. Machiyoshi	同	同	
羽根田久一	K. Haneta	同	同	
住川五之七	I. Sumikawa	同	同	
内壽二郎	J. Niikai	同	同	
大利新一郎	S. Yamato	同	同	
籐山一雄	J. Fujiyama	總務司長	實業部	
松島鑒	K. Matsushama	農礦司長	同	
安倍菅一	S. Abe	工商司長	同	
難波義雄	Y. Nanba	事務官	同	
吉田正武	M. Yushida	同	同	
赤瀨川安彥	A. Asekawa	技正	同	
高橋文夫	F. Takahashi	同	同	
佐佐龜太	K. Sasa	總務司	同	
澤井松太郎	M. Stwai	同	同	

姓名	英譯	職銜	機關	備考
千川清吉	K. Chikawa	同	同	
井上義人	Y. Inouye	農礦司	同	
津田千秋	S. Tsuda	同	同	
前島昇	S. Mayeda	同	同	
松本久吉	K. Matsumoto	農礦司	同	
萩尾全一	Z. Hagio	工商司	同	
望月秀二	H. Mochizuka	同	同	
漢藩雄	M. Minate	同	同	
太布幸七	S. Taifu	同	同	
阿比留乾二	K. Abiru	總務司長	司法部	
栗木茂二	S. Kuriki	法務司長	同	
橫畑武吉	T. Yokohata	行刑司長	同	
本間徹彌	T. Houma	事務官	同	
竹下佐一郎	S. Takeshita	同	同	
山崎一雄	I. Yamagaki	同	同	
原野是男	K. Haraus	同	同	
中島睦彥	M. Nakajima M. Kamura	總務司	同	

姓名	英譯	職銜	機關	備考
嘉村滿雄	M. Yushimura	同	同	
松尾信市	S. Matsuo	同	同	
伊木貞雄	S. Iki	同	同	
西山政豬	M. Nishiyana	總務司長	文教部	
大賴戶權次郎	K. Oseto	總務處長	土地局	
山崎晃	M. Yamagaki	審查處	同	
笠原九一	Kt. Kasahara	測量處長	同	
井上元四郎	Z. Inonye	技正	同	
扶國勇夫	I. Fukuni	同	同	
嶋田郡平	G. Shiwada	警務科長	偽首都警察廳	
中川正男	M. Nagakawa	保安科長	同	
油井第熊	T. Aburai	衛生科長	同	
小林博	H. Kobayashi	特務科長	同	
佐藤廳春	C. Sato	外事科長	同	
平野真為	S. Herana	司法科長	同	
井上經次	K. Inouye	外事科屬官	同	
須藤陽一	Y. Suto	同	同	
藤下清吉	K. Fujishita	警務科屬官	同	

姓名	英譯	職銜	機關	備考
西瀨戶秀	H. Nishiseto	同	同	
丸野貞清	T. Maruno	保安科屬官	同	
小野光明	K. Ono	同	同	
寒川小三郎	S. Kanzan	同	同	
松井泰三	T. Mutsui	同	同	
津賓由路	Y. Zuho	巡官	同	
中森重為	S. Nagamori	同	同	
原口龜久彥	K. Haraguchi	同	同	
永末龍介	I. Nagasuye	同	同	
王丸久雄	H. Omaru	同	同	
堤吉次為	T. Tekichi	同	同	
伏木政次	M. Fnki	同	同	
高見好造	K. Tagami	同	同	
加藤三男	S. Kato	同	同	
二宮久樹	H. Futanomiya	同	同	
鈴木耕一	K. Suzuki	同	同	
賓園久登	H. Hoyen	同	同	
佐藤虎雄	T. Sato	同	同	

姓名	英譯	職銜	機關	備考
土肥原賢二	Doihara	市長	瀋陽市政公所	九一八事變後
富村順一	Tomimura	秘書	同	
庵谷忱	Yihotani	總務課長	同	
鶴岡永太郎	Tzruoka	警務課長	同	
三谷米次郎	Mitztani	財務課長	同	
守田福松	Morida	衛生課長	同	
吉川康	Yoshikawa	事業工程課長	同	
後藤英男	Goto	首席顧問	同	趙欣伯接任後之市政公所顧問
福山	Fukuyama	秘書	同	
相原	Ai hara	同	同	
大木謙吉	K. Oki	同	同	
高橋	Takahashi	同	同	
島田	Shimada	同	同	
金井章次	Kanai	總務廳長	遼寧省政府	
三谷情	Mitztani	警務廳長	同	
黑柳一勝	Kuroyauagi	參事官	同	
叔巴倉吉	K. Shiuba	同	同	

姓名	英譯	職銜	機關	備考
山崎幸太郎	K. Yamasaki	同	同	
舛巴倉吉	K. Wasupa	顧問	同	
高井恒則	Takai	總務科長	遼寧實業廳	
新井重色	Anai	礦務科長	同	
坪川與吉	Tzupokawa	總務科長	遼寧教育	
安藤	Ando	學務科長	同	
竹村	r Takemura	社會科長	同	
色部貢	Irobe	顧問	遼寧財政廳	
三浦義臣	Y. Miura	同	同	
大矢信彥	S. Oya	諮議	同	
南鄉龍音	L. Nango	同	同	
永尾龍造	L. Nagao	總務廳人事科長	遼寧省政府	
張聯文	Chang Lien Weng	財政科長	同	日人化名
小阪	Kosaka	警務廳警務科長	同	
田中定一郎	T. Tanaga	特務科長	遼寧公安局	
橋上龜次	K. Hashikami	囑託	遼寧公安局	
永田久次郎	K. Nagata	顧問	營口鹽運使署	
木村常治	Z. Kiwura	同	同	

姓名	英譯	職銜	機關	備考
小澤茂一	S. Ozawa	同	山海關監督公署	
高谷	Tagaya	同	吉黑榷運局	
阿比留乾二	K. Aberu	同	高等法院	
首藤正壽	Sato	同	東三省官銀號	
竹内德三郎	Takeuchi	同	同	
酒井輝為	Sakai	同	同	
川上市松	kawakami	諮議	同	
矢野	Yano	同	同	
黑崎貞雄	Kurozaki	同	同	
禧田矩治	K. Fukuta	同	邊業銀行	
芝田研三	K. Shibata	同	同	
酒井	Sekai	同	同	
村上	Murakami	同	東北交通委員會	偽國成立前時期
金井	Kanai	同	同	
山口	Yamakuchi	同	同	
佐藤	Sato	同	同	
小島	Koshima	同	同	
山本	Yamamoto	同	同	

姓名	英譯	職銜	機關	備考
小笠原	Ogasawara	同	同	
山澤	Ozawa	同	同	
濱本	Hamamoto	同	同	
河本大作	O. Kawamoto	監事長	瀋海鐵路公司	
森田成之	Morita	副監事長	同	
田中鏊	Tanaka	總務處顧問	同	
萬澤正敏	Manzawa	總處顧問	同	
大橋正次	M. Ohashi	事和國處顧問	同	
池原義是	Ikehara	同	同	
渾川庄真	B. Koukawa	會計處顧問	同	
風高初太郎	Kazema	同	同	
井上忠良	S. Inonye	工務處顧問	同	
掘江元一	M. Horiye	同	同	
和田次衛	Wada	警務處顧問	同	
渡瀬三郎	Watose	同	同	
吉川正登	Yushikawa	同	同	
井上女士	Inonye	秘書	同	
中島女士	Nagajima	同	同	

姓名	英譯	職銜	機關	備考
山口	Yamakuchi	顧問	偽奉山鐵路	
古山	Furuyama	同	同	
越中	Koshinaka	職員	同	
小島	Koshima	同	同	
山本	Yamamoto	同	同	
小澤	Kozawa	同	同	
川野	Kawano	同	同	
加藤	Kato	同	同	
森森下	Morishita	職員	同	
古肥	Kohi	同	同	
河野	Kawano	同	同	
有木	Ariki	同	同	
村森	Muramori	同	同	
大磯義勇	Oiso	廠長	電燈廠	
井上	Inouye	會計科長	同	
筆島	Fudejima	業務科長	同	
和田勁	K. Wata	總隊長	靖安遊擊隊	
宮本新	S. Miyamoto	上校參謀官	同	

姓名	英譯	職銜	機關	備考
遠藤清一郎	S. Yento	副隊長	同	
中野維三	Y. Nagano	少校隊附	同	
山下常吉	Z. Yamashida	同	同	
塚本義一	Y. Tsukamoto	同	同	
三原寅三郎	K. Mihara	炮兵上校隊長	同	
橫尾直治	N. Yukoo	炮兵少校隊附	同	
藪岡秀太郎	H. Hagioka	少校軍醫	同	
齋藤雄治	Y. Saito	顧問	同	
吉村秀吉	H. Yusbimura	同	同	
花田中佐	Kahe	總指導	同	
遠藤清一郎	S. Yento	聯絡員	同	
都甲義介	K. Toko	指導縣委員長	營口	
高綱信次郎	S. Takatsuna	同	同	
伊藤與次	Y. Ito	同	同	
荒川海太郎	U. Arakawa	同	復縣	
福井優	I. Fukui	同	同	
鮫島國三	K. Kojima	同	同	
中島定夫	S. Nakajina	同	本溪	

姓名	英譯	職銜	機關	備考
河野正一	M. Kouo	同	同	
笹治鐵雄	T. Sasaji	同	同	
大治幹三郎	R. Oji	同	莊河	
松崎秀憲	H. Matsusaki	同	同	
景山盛之助	M. Keiyama	同	蓋平	
笹山卯之郎	F. Sasayama	同	同	
本島那男	N. Motojima	同	安東	
金井佐次	S. Kauai	同	同	
鎌田政明	M. Kamada	同	海城	
小林才治	S. Kobayashi	同	同	
小林克	K. Kobayashi	同	同	
梢井原義	K. Sasai	同	開原	
藤井民夫	T. Fujü	同	同	
澤井鐵馬	T. Sawai	同	同	
高久肇	C. Takahese	同	撫順	
山下吉藏	Y. Yamashiole	同	同	
中林寗	N. Nagabayashi	同	同	
永尾龍造	L. Nagao	同	瀋陽	

姓名	英譯	職銜	機關	備考
山縣伊三郎	I. Yamagade	同	同	
石垣良龍	Y. Ishigaki	同	鐵嶺	
甲斐政治	S. Kai	同	同	
末廣榮三	S. Suyehero	同	同	
中川壽雄	S. Nagakawa	同	鳳城	
仙岐清	K. Senpa	同	同	
松岡小八郎	E. Matsuoka	同	岫岩	
中尾優	M. Nagoo	同	同	
岡村一郎	I. Muraoka	同	同	
小島靜雄	S. Kojima	同	遼陽	
大串盛多	M. Ogushi	同	同	
關屋悌藏	T. Sekiya	同	同	
長田吉次郎	Y. Nagata	同	同	
佐藤虎雄	T. Sato	同	洮南	
友田俊章	S. Tomota	同	同	
高橋光雄	M. Tagahashi	同	同	
高附榮次郎	Y. Tagatsuki	同	懷德	
木清繁榮	H. Kikiyushi	同	同	

姓名	英譯	職銜	機關	備考
像	L. Kojima	同	同	
井上實	M. Inouye	同	梨樹	
中川勝	K. Nagakawa	同	同	
村上輝文	K. Murakami	同	同	
高岡重利	S. Takooka	同	新民	
山根隆之	L. Yamana	同	同	
多良庸信	Y. Tara	同	昌圖	
冰絶貞一郎	T. Kouri	同	同	
川原二郎	J. Kawahara	同	同	
庭川辰雄	Y. Niwakawa	同	錦縣	
錦崎達雄	T. Nishikisaki	同	同	
田中一郎	J. Tanaka	同	同	
稅所謙助	K. Jeishi	同	黑山	
近藤平次郎	H. Konto	同	同	
榊原增郎	M. Sagakihara	同	遼中	
紫尾田酵一	K. Shiode	同	同	
阿村勝	K. Kawamura	同	同	
西岡仁次郎	J. Nishioha	同	法庫	

姓名	英譯	職銜	機關	備考
上村益喜	M. Kamimura	同	錦西	
中澤達喜	T. Nagamura	同	遼源	
新縣村太郎	M. Niigada	同	同	
山下信	S. Yamashida	同	同	

中華民國二十一年九月十日付印
中華民國二十一年十月一日出版

本書原於民國二十一年由東北問題研究會在北京出版。

Do歷史70　PC0624

倭製滿洲國：

中國民族主義者眼中的他者

原　　著／張餘生
主　　編／蔡登山
責任編輯／洪仕翰
圖文排版／楊家齊
封面設計／王嵩賀

出版策劃／獨立作家
發 行 人／宋政坤
法律顧問／毛國樑　律師
製作發行／秀威資訊科技股份有限公司
地址：114 台北市內湖區瑞光路76巷65號1樓
電話：+886-2-2796-3638　傳真：+886-2-2796-1377
服務信箱：service@showwe.com.tw
展售門市／國家書店【松江門市】
地址：104 台北市中山區松江路209號1樓
電話：+886-2-2518-0207　傳真：+886-2-2518-0778
網路訂購／秀威網路書店：https://store.showwe.tw
國家網路書店：https://www.govbooks.com.tw

出版日期／2016年9月　BOD一版　**定價**／350元

|獨立|作家|
Independent Author
寫自己的故事，唱自己的歌

倭製滿洲國：中國民族主義者眼中的他者 / 張餘生原著；蔡登山主編. -- 一版. -- 臺北市：獨立作家, 2016.09
面；　公分. -- (Do歷史；70)
BOD版
ISBN 978-986-93402-7-4(平裝)

1. 偽滿州國

628.47　　105016044

國家圖書館出版品預行編目

讀者回函卡

感謝您購買本書，為提升服務品質，請填妥以下資料，將讀者回函卡直接寄回或傳真本公司，收到您的寶貴意見後，我們會收藏記錄及檢討，謝謝！如您需要了解本公司最新出版書目、購書優惠或企劃活動，歡迎您上網查詢或下載相關資料：http:// www.showwe.com.tw

您購買的書名：____________________

出生日期：________年________月________日

學歷：□高中（含）以下　□大專　□研究所（含）以上

職業：□製造業　□金融業　□資訊業　□軍警　□傳播業　□自由業

□服務業　□公務員　□教職　□學生　□家管　□其它____

購書地點：□網路書店　□實體書店　□書展　□郵購　□贈閱　□其他

您從何得知本書的消息？

□網路書店　□實體書店　□網路搜尋　□電子報　□書訊　□雜誌

□傳播媒體　□親友推薦　□網站推薦　□部落格　□其他________

您對本書的評價：（請填代號　1.非常滿意　2.滿意　3.尚可　4.再改進）

封面設計____　版面編排____　內容____　文／譯筆____　價格____

讀完書後您覺得：

□很有收穫　□有收穫　□收穫不多　□沒收穫

對我們的建議：____________________

請貼
郵票

11466
台北市內湖區瑞光路 76 巷 65 號 1 樓
獨立作家讀者服務部 收

（請沿線對折寄回，謝謝！）

姓　　名：____________ 年齡：________ 性別：□女　□男

郵遞區號：□□□□□

地　　址：____________________________

聯絡電話：(日) ____________ (夜) ____________

E-mail：____________________________